NO LIMITES A DIOS

A DIOS

IMAGÍNATE A TI MISMO
SIENDO EXITOSO

ANDREW WOMMACK

Título en inglés: Don't Limit God – Imagine Yourself Successful
ISBN: 978-1-59548-268-6
Copyright © 2014 por Andrew Wommack Ministries, Inc.
P.O. Box 3333
Colorado Springs, CO 80934-3333

Traducido por: Citlalli Macy
Edición en Español Copyright 2014

ÍNDICE

INTRODUCCIÓN

Marzo 23, 1968. Muchos de ustedes me han escuchado mencionar esta fecha como la más significativa de mi vida y mi ministerio. En ese día, tuve un encuentro con el Señor que transformó totalmente la manera como yo veía a Dios. El resultado fue que, me convertí en una nueva persona y de ahí nació la visión para mi ministerio.

Pero hay otra fecha que quizá tú no has escuchado: Enero 31, 2002. Ese día Dios me habló por medio del Salmo 78 y me dijo que mi estrecha manera de pensar había estado limitando lo que Él quería hacer en mi vida. Yo no me había percatado de que lo estaba limitando, pero inmediatamente tomé la decisión de cambiar mi manera de pensar. Tomé la decisión de que iba a dejar de limitar a Dios.

Cuando el Señor me habló, el ministerio solamente estaba cubriendo 6% del mercado televisivo norteamericano. En cambio, ahora, el programa de televisión Gospel Truth cubre por completo el mercado de los Estados Unidos y la mayor parte del mundo donde se habla inglés, y alcanza a más de 3 mil millones de personas. También hemos crecido de manera exponencial en muchas otras áreas —y todo sucedió porque me atreví a quitarle los límites a Dios y en cambio puse mi fe en Él para realizar las cosas mayores que Él había querido hacer desde el principio. Definitivamente hoy no estaríamos donde estamos si yo hubiera seguido limitando al Señor con mi estrecha manera de pensar.

CAPÍTULO 1

CREENCIAS EQUIVOCADAS

¿Sabes que es muy probable que tú estés limitando a Dios? La mayoría de nosotros limitamos a Dios de una manera u otra. Hay muchas cosas que pueden obstaculizar —o limitar— lo que Dios quiere hacer en nuestras vidas. Algo que puede limitar a Dios en nuestras vidas son las creencias equivocadas. Mucha gente piensa que Dios tiene el control y que todo lo que sucede, es la voluntad de Dios. Le echamos la culpa a Dios por todo y tenemos una teología fatalista que sugiere que todo lo que sucede de una u otra manera debe ser el plan o el propósito de Dios para nuestras vidas. Si nuestros matrimonios fracasan, pensamos que quizá es la manera de Dios para doblegarnos o llenarnos de humildad. Si nuestro negocio fracasa, lo aceptamos como si fuera la voluntad de Dios para nuestras vidas.

Cuando fui a la India en 1980, esa experiencia fue un tremendo impacto cultural para mí, pero aprendí mucho. Una de las cosas que aprendí es que la India en realidad es un país muy rico. Es uno de los lugares más populosos sobre la faz de la tierra y tiene una gran variedad de recursos naturales. La razón principal por la que no prosperan más, no es la economía, y tampoco se debe a la escasez de recursos; se debe a sus creencias.

Cuando estaba en la India pude ver que la gente se estaba muriendo de hambre, mientras que la 'carne' se paseaba por sus casas. De hecho estaba dando un estudio bíblico en una casa cuando un toro *Brahman* entró por la puerta. Todo el mundo se pegó en contra de la pared y permitieron que ese toro hiciera lo que quisiera, porque la creencia hindú es que ese toro podría ser la abuela reencarnada de alguien. La gente hindú no come carne de res, pero sí comen carne de "menor calidad" como la de los perros o las cabras, porque creen que esos animales representan la reencarnación de una forma de vida menos avanzada.

La gente hindú tiene recursos que podrían ponerle el fin a su hambre, pero su sistema religioso de creencias los limita. También creen que nacieron en un sistema de castas y que si hacen algo para salirse o para mejorar su bienestar personal podrían reencarnar como una hormiga o algo peor. Su sistema de creencias ha empobrecido a su nación y los ha limitado.

Muchos americanos quieren viajar a otras culturas y arrojarle dinero a los problemas, con la idea de que eso resolverá todo. Sin embargo, el dinero no es el problema en la India ni en ningún otro lugar; es el sistema de creencias de la cultura. La gente necesita el Evangelio, y también un conjunto de principios y un código moral que logre que cambie su sistema de creencias. Cuando lo hagan, su nación empezará a prosperar. Su sistema de creencias los limita y los mantiene en la pobreza.

Asimismo, mucha gente en América piensa que el gobierno les debe la ayuda social, que tiene que incrementarles los sueldos y darles más beneficios, y que tiene que darles un seguro médico con más garantías. Pero ése no es nuestro problema. Nuestro problema está justo entre nuestras orejas —es la manera como pensamos y como creemos. Proverbios 23:7 nos dice que como un hombre piensa en su corazón, así es él.

CREENCIAS EQUIVOCADAS

Nuestras vidas van en la dirección de nuestros pensamientos (Romanos 12:2). Si queremos cambiar, no debemos orar para que alguien nos dé más dinero, ni debemos tomar el dinero de alguien para dárselo a los que no lo tienen. Ésa no es nuestra solución. Nuestra solución es empezar a quitarle los límites a nuestro pensamiento erróneo, porque como pensamos en nuestros corazones así serán nuestras vidas. Debemos cambiarnos a nosotros mismos —nuestra manera de pensar, nuestra mentalidad— si queremos dejar de ponerle límites a Dios.

TÚ TIENES UNA ESFERA DE INFLUENCIA

Dios no hace acepción de personas (Hechos 10:34). Él quiere hacer cosas verdaderamente milagrosas en las vidas de todos. Dios nunca ha hecho algo que sea basura. Él nunca hizo inferior a nadie. Todos tenemos algo que Dios quiere realizar por medio de nosotros, pero la mayoría de nosotros lo ignoramos y en cambio hemos creído la mentira de que no somos especiales. Todos somos únicos y podemos hacer algo que nadie más puede hacer.

Porque yo sé los planes que tengo para vosotros —declara el SEÑOR— planes de bienestar y no de calamidad, para daros un futuro y una esperanza.
JEREMÍAS 29:11

Dios tiene buenos pensamientos acerca de nosotros. Él tiene un plan perfecto para nuestras vidas. Somos una creación maravillosa (Salmo 139:14). Independientemente de que nuestros padres hayan previsto nuestra llegada o no, Dios nos conocía desde la fundación del mundo y tiene un propósito para nosotros. Sin embargo, la mayoría de nosotros estamos viviendo muy por debajo del estándar de Dios y estamos limitando lo que Él quiere hacer en nuestras vidas.

Yo me gasto más de 1 millón de dólares en emisiones televisivas cada mes. Nuestro ministerio está creciendo y vamos a gastar más, pero aunque gastara 10 millones de dólares mensuales, hay muchas personas que nunca van a oír hablar de mí ni de mi ministerio, independientemente de cuánto dinero invierta en la televisión. Tú ejerces influencia sobre personas a las que yo nunca podré alcanzar.

Todos tenemos una esfera de influencia sobre la gente que está a nuestro alcance. Son las personas que nos conocen y que nos están observando —familiares, vecinos, amigos, y compañeros de trabajo— y que morirán y se irán al infierno si nos quedamos sentados esperando a que nuestro pastor o algún otro ministro los evangelice. ¡Debemos tomar la iniciativa y permitirle a Dios que nos use para tocar el corazón de esas gentes y que nos ayude a desarrollar todo nuestro potencial!

Siempre que yo pregunto cuántas personas están llamadas a ser líderes, hay quienes no levantan la mano. Esas personas no se ven a sí mismas como líderes. Pero todos nosotros somos líderes. El liderazgo se define como una influencia. Todos ejercemos una influencia sobre alguien −sea nuestros hijos, vecinos, amigos, etc. Algunos de nosotros tenemos más influencia que otros; pero todos estamos llamados a influenciar a alguien. Si no nos vemos a nosotros mismos como líderes, que tienen influencia sobre los demás, y en cambio pensamos: "¡Oh, pobre de mí! lo que será, será," entonces vamos a andar por la vida como una pelota de pimpón. Andamos rebotando de problema en problema y en lo que nos topemos, sin una trayectoria para nuestras vidas. Si no tomamos la autoridad que Dios nos dio y le ordenamos a las montañas que se muevan, estamos limitando a Dios.

Dios creó a todos para que sean líderes. Esto puede variar según tu llamado específico. Pero si Dios todopoderoso está viviendo en tu interior. Él tiene un propósito para tu vida que hará que logres cosas y que influencies a la genta de manera tal que te brinde satisfacción. Muchos de ustedes no están influenciando a la gente de una manera positiva, y sus vidas no están logrando nada. Si eres vuelto a nacer entonces Dios vive en tu interior, y Él tiene una tarea importante para ti. Dios no hace que todo funcione por medio de Su soberanía. Si tu vida no está llena de alegría y no te emociona—si no sientes entusiasmo por tu vida o por la dirección que lleva o por lo que Dios está haciendo—pasaste por alto a Dios y estás limitando lo que Él quiere hacer en tu vida.

DIOS TE LLAMÓ A HACER ALGO QUE ESTÁ MÁS ALLÁ DE TI MISMO

Cuando Dios me habló el 31 de Enero, del 2002, con referencia al Salmo 78, eso revolucionó mi vida. Este Salmo fue escrito para que las nuevas generaciones pudieran ver lo que las generaciones pasadas hicieron, para que aprendieran a quitarle los límites a Dios y a tomar conciencia para no constreñirlo como lo hicieron sus padres. ¡Esto es trascendental! Éste es el Salmo que el Señor usó para transformar mi vida.

Y volvían, y tentaban a Dios, Y ponían límite al Santo de Israel.

SALMO 78:41 RVA

Es un pasaje muy sencillo que Dios usó para hablarme en el año 2002, y yo pido en oración que también te lo comunique a ti porque yo creo que ninguno de nosotros ha agotado la capacidad, los recursos, y el poder de Dios en nuestras vidas. Dios es infinito. Dios es enorme. Nuestras vidas deberían reflejarlo. Si tú puedes ver tu vida y decir: "Pues bien, yo asistí a la escuela, fui educado, e hice otras cosas. Me lo gané," o si puedes justificarlo por tu gran talento y capacidades— pasaste a Dios por alto. Tu vida debería ser un testimonio tal que cuando la gente te pregunte cómo es posible que hagas lo que estás haciendo y por qué eres tan bendecido, tu respuesta sea que la única explicación es Dios. Si tu vida no es sobrenatural, es superficial.

Dios te llamará a hacer algo que está más allá de ti mismo. Él te va a llamar a hacer algo que es más grande que tú mismo. Si es algo que tú puedes hacer, dudo que haya sido Dios el que te habló. Por ejemplo, Dios me llamó a predicar la Palabra y yo era un introvertido. No podía ver a la gente a la cara para platicar cuando estaba en el bachillerato, y ahora hablo con millones y millones de personas. ¡Dios me llamó a hacer algo que está fuera de mi alcance!

Dios me pidió que hiciera cosas sobrenaturales, y no puedo explicar por qué las bendiciones de Dios son tan grandes sobre mi ministerio. Es algo que está más allá de mi capacidad natural. No estoy haciendo nada salvo amar a Jesús y apegarme a Él. Yo no puedo hablar de mi ministerio y decirte que está bendecido por mi gran talento o capacidad. De hecho, si yo fuera Dios —no me hubiera escogido a mí mismo.

CREENCIAS EQUIVOCADAS

¡NO ERES TAN LISTO COMO PARA HACERLO POR TU CUENTA!

*Pues considerad, hermanos, vuestro llamamiento;
no hubo muchos sabios conforme a la carne, ni
muchos poderosos, ni muchos nobles.*

1 CORINTIOS 1:26

Ése soy yo —reúno los requisitos. No puedes verme a mí y decir que fue por mis grandes talentos o capacidades. Yo no estoy haciendo algo que pueda hacer por mi propia cuenta. Todo lo que estamos logrando se debe a que Dios está obrando a través de mí.

Mi mamá murió en el año 2009 cuando ella tenía 96 años de edad. Poco antes de que muriera me preguntó cómo estaban las cosas en el ministerio y yo le platiqué de todas las cosas maravillosas que Dios estaba haciendo en América y en el extranjero. Ella se me quedó viendo y me señaló con su dedito huesudo y me dijo: "Andy, tú sabes que ése es Dios".

Yo contesté: "Sí mamá, yo sé que es Dios".

Ella dijo: "Tú no eres tan listo como para hacer eso".

Yo contesté: "¡Lo acepto! Amén. Es verdad".

Si tú puedes decir que lograste todo por tu propia capacidad, fuerza y poder entonces todavía no te has conectado con el designio que Dios tiene para tu vida. Dios te va a pedir que hagas algo que está más allá de ti mismo y que requiere algo más que tu mera capacidad personal.

NO LIMITES A DIOS

Yo creo que todos nosotros hemos pasado por alto a Dios en algún momento de nuestras vidas. Ninguno de nosotros está poniendo fe en Dios y haciendo todo lo que se supone que debemos hacer. Dios es grande, infinito, y no tiene límites. Él quiere que tengamos fe para cosas grandes. Sin embargo la mayoría de nosotros sólo tenemos fe para cosas pequeñas.

Cuando Dios me habló en el año 2002, Él me dijo que yo lo estaba limitando como los israelitas que dieron la espalda y le pusieron límite al Santo de Israel. Honestamente yo no tenía ni idea de que estaba limitando a Dios. Antes de que Él me dijera esto, yo ya había estado ministrando durante 34 años y había visto la manifestación de muchas cosas increíbles. Había visto milagros y hasta gente que resucitaba de entre los muertos. Hasta vi a mi propio hijo resucitar de entre los muertos. Él había estado muerto por cinco horas, sin embargo no sufrió daño cerebral — bueno, ¡por lo menos no más del que ya tenía!

Si tú crees que Dios es soberano y que puede hacer lo que quiere, entonces más te vale que arranques el Salmo 78 de tu Biblia. Este Salmo dice que los israelitas limitaron a Dios. Dios quería hacer más de lo que ellos le permitieron. Dios quería introducirlos a la tierra prometida —y quería hacerlo en un año, ¡no en 40! Pero los israelitas enviaron espías que dijeron que había gigantes en esa tierra. Ellos se negaron a ir, por lo tanto dificultaron el designio que Dios tenía para la nación durante 40 años. ¡Ellos limitaron a Dios!

No necesitamos más ejemplo que el de los hijos de Israel para ver que podemos limitar a Dios. Él no quería que ellos se pasaran 40 años en el desierto, pero sin embargo lo limitaron por su temor al hombre. Podemos aplicar esto a otras áreas en nuestras vidas como la sanidad. De acuerdo a 3 Juan 2, Dios no quiere que estemos enfermos, sin embargo con frecuencia limitamos la manera como Dios puede sanarnos.

Aunque Moisés tenía ciento veinte años cuando murió, no se habían apagado sus ojos, ni había perdido su vigor.
DEUTERONOMIO 34:7

Moisés era fuerte y tenía una visión perfecta a los 120 años de edad. Si Dios puede hacer eso por una persona en el Antiguo Pacto, imagínate cuánto más puede hacer ahora por nosotros bajo el Nuevo Pacto. Limitamos a Dios cuando pensamos: "Pero ya pasé los 40, así que esto es normal; se supone que debo empezar a tener estos problemas con mi cuerpo y que mi vista va empezar a debilitarse, etc". Nos comparamos con los demás (2 Corintios 10:12) y pensamos: "Así deben ser las cosas". Pero debemos ver la Palabra de Dios y creer que podemos ser fuertes como Moisés y tener buena vista. Limitamos a Dios si pensamos que las cosas tienen que ser de cierta manera porque eso es lo que otros están experimentando.

Tal vez te preguntes: "¿Cómo podré expulsar a estas naciones, si son más numerosas que yo?"
DEUTERONOMIO 7:17 NVI

A eso me refiero cuando digo que Dios me dijo que yo lo estaba limitando. Ellos limitaron a Dios cuando dijeron que esas naciones eran más fuertes que ellos. Dios les prometió una victoria absoluta, pero titubearon y dudaron de la promesa de Dios. Cuando dudaron, ellos limitaron a Dios y consecuentemente Él no pudo sacar a esas naciones (Hebreos 4:2).

DIOS FLUYE POR MEDIO DE LA GENTE

Y a aquel que es poderoso para hacer todo
mucho más abundantemente de lo que pedimos o
entendemos, según el poder que obra en nosotros.

EFESIOS 3:20

Mucha gente usa este versículo para decir que Dios puede hacer cualquier cosa, pero se pierden el verdadero punto. Este versículo no dice solamente que Dios puede hacer todo mucho más abundantemente de lo que pedimos o entendemos. Prosigue a decir, "según el poder que obra en nosotros". Según significa "en proporción a" o "al nivel de" el poder que obra en nosotros.

Si no tenemos fe y no nos estamos edificando en nuestra santísima fe (Judas 1:20), estamos limitando el poder de Dios que fluye desde nosotros. Podemos detener el poder de Dios en nuestras vidas. Si no hemos sanado, no fue Dios el que no nos sanó —somos nosotros los que no estamos soltando el poder de Dios que se encuentra en nuestro interior. Dios tiene que fluir por medio de la gente. Cuando la gente dice que Dios actuó soberanamente, quieren decir que ninguna persona estuvo involucrada. Están diciendo que Dios soberanamente extendió la mano para hacer algo. Esa idea no está basada en las Escrituras. Dios siempre usa a la gente. Dios fluye por medio de la gente. Y hay muchas maneras como podemos limitar lo que Dios quiere hacer en nuestras vidas.

Si observas con detenimiento, descubrirás que alguien estaba orando, alguien estaba haciendo algo para producir una manifestación de Dios. No es Dios el que actúa en olas. Hubo un movimiento Carismático, un movimiento de Sanidad, y un movimiento de la Palabra de Fe. Lo que sucede es que culpamos a Dios como si Él fuera el que viene en oleadas y derrama algo para luego retirarse permitiendo que una generación languidezca. Dios no opera así. Dios quiere que todas las personas experimenten Su plenitud.

Dios iniciaría todos esos movimientos al mismo tiempo si nosotros los recibiéramos de esa manera. Por ejemplo, en el avivamiento de la sanidad, la Iglesia se había perdido de la verdad de la sanidad. Algunas personas como Oral Roberts persistieron. Si tú lees su testimonio, te darás cuenta de que no fue algo que le cayó por sorpresa— él se esforzó por conseguirlo.

Yo recuerdo cuando Oral Roberts hablaba de la primera reunión que tuvo. Él estaba cansado de ver la falta de poder en el cuerpo de Cristo y que la sanidad no se manifestaba. Así que él dijo: "Ya no voy a vivir de esta manera, o la palabra de Dios es verdad y los milagros ocurren o yo voy a dejar de servir a Dios y dejar de jugar al pastor". Él tuvo que pelear con la incredulidad y otras cosas pero cuando empezó a ver que se daban los milagros se encendió con el fuego de Dios y también encendió a otros.

Eso aunado a otras circunstancias fue lo que produjo el movimiento de la sanidad. La gente empezó a decir que Dios estaba actuando por medio de ese movimiento de sanidad. Dios quiere activar y manifestar la sanidad todo el tiempo, pero la mayoría de la gente no se esfuerza por conseguirla como lo hicieron esas personas. Hubo personas que progresaron en el área de la sanidad y empezaron a ver el poder sanador de Dios. Pero no progresaron en otras áreas. Y no fue porque Dios solamente quería activar el Movimiento de la Sanidad. Él hubiera iniciado el Movimiento de la Palabra, el Movimiento

Carismático, el Movimiento de la Justicia y el Bautismo en el Espíritu Santo todo a la vez —si nosotros los hubiéramos recibido de esa manera.

Si nos cansamos de estar enfermos y empezamos a creerle a Dios, veremos que las cosas suceden. Pero después podríamos pensar que Dios está haciendo algo nuevo. Pero no es así, Dios está haciendo lo mismo que Él ha querido hacer durante 2000 años. Dios no quería que la Iglesia pasara por la Edad del Oscurantismo, que fue una época en la que el cuerpo de Cristo se hundió por la falta de conocimiento, sin saber qué dice la Palabra de Dios. Sencillamente, si dejamos de limitarlo, Él podrá hacer lo que siempre ha querido.

LA VIDA NO ES UN ENSAYO CON VESTUARIO

Dios quiere actuar y llevarte a la Tierra Prometida. Dios quiere hacer cosas en tu vida que harán que te despiertes todos los días diciendo: "Dios esto es fabuloso. ¡Tú eres maravilloso! Qué privilegio es ser parte de lo que estás haciendo". Dios quiere que todos vivamos de esta manera, sin embargo la mayoría de nosotros despertamos y decimos: "¡Caramba! ya amaneció. Me gustaría regresar a la cama. Es lunes, y tengo que ir a trabajar". O vamos a trabajar pero decimos: "Gracias a Dios que ya casi es viernes".

Un día, yo estaba caminando por nuestra cafetería y escuché a uno de los empleados que dijo: "Gracias a Dios que es viernes," así que le pregunté qué quería decir.

Él contestó: "¡Gracias a Dios que es viernes!"

Le pregunté qué era tan especial respecto a los viernes. Él contestó: "Es el último día de trabajo de la semana, y mañana estoy libre. No tengo que venir a trabajar".

Yo le pregunté: "¿No te gusta trabajar aquí?, porque podría arreglar las cosas para que ya no tengas que trabajar aquí".

Él contestó: "Oh no. Sí me gusta trabajar aquí, pero disfruto mucho el fin de semana".

Yo le dije: "Pues bien, ¿sabes que hay cientos de personas a las que les gustaría tener tu empleo? Si a ti no te gusta trabajar aquí yo podría arreglarlo de manera que todos los días fueran viernes para ti".

Como pueden imaginarse, ¡empezó a retractarse! Por supuesto que yo solamente estaba bromeando. Pero, ¿sabes algo? si no te da gusto levantarte el lunes por la mañana para salir a trabajar o si solamente te emocionas el viernes porque no tienes que trabajar el fin de semana, significa que tú no has descubierto el designio que Dios tiene para tu vida. Ésta es una de las maneras como limitamos a Dios en nuestras vidas. Si estás trabajando en un empleo sin futuro porque necesitas una pensión o un trabajo seguro, te estás perdiendo lo que Dios tiene para ti.

La vida no es un ensayo con vestuario —es la realidad. Si no has hecho algo que te energiza y que te satisface y te hace decir: "¡Cuán grande es la bendición de Dios en mi vida!" Entonces desperdiciaste un día de tu vida. Dios tiene un propósito para ti y cuando lo descubras te sentirás realizado. Dios no nos llamó a todos para salir en la televisión o para predicar en público como a mí, pero Él hizo a todos especiales y nos llamó a hacer algo que llenará nuestras vidas de gozo y paz. Si ésa no es tu situación, estás perdiendo el tiempo.

Algunos de ustedes están orando para que su vida sea diferente, y no tienen júbilo. Estás deprimido porque no estás haciendo lo que Dios te pidió que hicieras. Dios está jalando en una dirección pero tú te estás yendo por otro camino porque eso es lo que todos en tu familia han hecho por generaciones. Te da miedo pensar que si le entregas tu vida a Dios él pudiera mandarte a África, por lo tanto sigues tu lógica en vez de seguir a Dios. Pero no encontrarás la alegría y la satisfacción porque no estás haciendo aquello que Dios te pidió.

¡ERES TÚ!

En años pasados, ministré en Charlotte, North Carolina, en un negocio que tiene unos 30 empleados. El dueño del negocio junta a los empleados y les dice: "No voy a parar el reloj, les voy a pagar para que escuchen a este hombre todo el tiempo que él quiera hablar". Después yo comparto la Palabra con ellos. En una ocasión en particular, cuando fui para ministrar a los empleados de ese hombre de negocios, me di cuenta de que había una nueva empleada en la recepción—una joven oriental. Por eso le pregunté por qué no estuvo en la parte trasera con los otros empleados. Ella dijo que era la nueva empleada y que por eso se tenía que quedar a contestar los teléfonos. Entonces me preguntó si yo era el que iba a dar la plática y yo le dije que sí.

Ella me preguntó qué era lo que yo hacía y le dije que era un ministro. Entonces preguntó: "¿De quién?"

Le dije: "Pues bien, del Señor Jesucristo".

Entonces ella exclamó: "¡Eres tú!"

Yo le pregunté: "¿Quién?"

Ella me dijo que la noche anterior, cuando estaba practicando sus rituales religiosos (no estoy seguro si era hindú o budista), ella empezó a dudar de que su dios fuera el verdadero Dios. Así que ella se detuvo en medio de su ritual y dijo: "Dios, yo sé que tú existes pero tú eres más grande que todo esto. ¿Podrías manifestarte y mostrarme quién es el verdadero Dios?

En cuanto ella hizo esa oración, de repente una esfera de luz se puso enfrente de ella y escuchó una voz que le dijo: "Voy a mandar a un hombre mañana que te dirá quién soy yo".

Entonces ella me vio y dijo: "¡Ése eres tú!"

Y yo le contesté: "Ése soy yo, amén."

Tuve la oportunidad de ayudarla para que recibiera la salvación y fue bautizada en el Espíritu Santo y habló en lenguas. Cuando regresé a mi carro, de verdad que experimenté una sensación de paz y gozo porque sabía que estuve en el lugar correcto y a la hora exacta. Experimenté una satisfacción muy grande porque sabía que estaba donde debería estar. Algunos de ustedes nunca han experimentado algo así porque no están donde se supone que deben estar. Estás optando por lo seguro. Estás disparando sin ton ni son y no le atinas a nada. Has aprendido que debes usar la lógica y que debes hacer las cosas como tus familiares lo hicieron. ¡Pero estás limitando a Dios!

COMPARÁNDOSE UNOS CON OTROS

No nos atrevemos a igualarnos ni a compararnos con algunos que tanto se recomiendan a sí mismos. Al medirse con su propia medida y **compararse** *unos con otros, no saben lo que hacen.*
2 CORINTIOS 10:12 NVI, EL ÉNFASIS ES MÍO

La mayoría de la gente limita a Dios cuando se comparan con otros, sin embargo queda muy claro en las Escrituras que no debemos compararnos con los demás. En vez de permitir que la Palabra de Dios controle y domine nuestros pensamientos, nos fijamos en nuestros padres, nos fijamos en nuestros abuelos, vemos la televisión, y escuchamos las experiencias negativas de la gente. Entonces empezamos a esperar que esas cosas nos sucedan y limitamos a Dios cuando nos comparamos unos con otros. Vemos alrededor y vemos que hay una recesión y entonces esperamos que nos afecte.

En Colorado Springs, hay cientos de organizaciones cristianas y cuando la "recesión" se dio en el 2008, muchos de esos ministerios recortaron su presupuesto de ingresos de un 15% a un 25%, antes de que se diera alguna baja real en los ingresos. Lo anticiparon porque el mundo estaba teniendo problemas. Lo anticiparon y entonces empezaron a planear de acuerdo a eso y a esperar que sucediera — ¿y qué crees? Así sucedió.

¡Precisamente en la misma época nuestras finanzas prosperaron! Iniciamos un proyecto de construcción de $60 millones en el otoño del 2009 —un proyecto que íbamos a llevar a cabo sin deuda— y los ingresos de nuestro ministerio subieron como un cohete durante la época de recesión. Nosotros decidimos que no íbamos a participar en la recesión y por lo tanto no tomamos medidas de precaución ni hicimos planes para ello. Como resultado, nunca lo experimentamos en nuestro ministerio.

Y mi Dios proveerá a todas vuestras necesidades, conforme a sus riquezas en gloria en Cristo Jesús.
FILIPENSES 4:19

No tenemos que permitir que el mundo controle nuestra economía. Nuestras finanzas están controladas por la economía del cielo, no por el sistema de este mundo. Hace varios años, el papá de mi esposa Jamie, le dejó una herencia que invertimos en la Bolsa de Valores. Cuando la Bolsa de Valores bajó un 50 % a fines del 2008 y a principios del 2009, nuestra inversión se incrementó en un 61%, ¡es un incremento del 61% durante una baja del 50%! ¡Dios nos bendijo! Nuestro asesor de inversiones no podía entender por qué estábamos prosperando tanto. Algunos de ustedes son muy carnales para creer que esto es verdad. Tú crees que hay alguna razón lógica. No, es la bendición de Dios. Nuestro inversionista nos dijo que otros clientes suyos no prosperaron tanto como nosotros. Es porque estábamos teniendo fe en Dios. Como un hombre piensa en su corazón, así es él— y nosotros nos negamos a seguir la corriente. Algunos de ustedes ven la economía y dicen que es una economía mala y empiezan a creer que tienen que reducir gastos. No creen que vayan a prosperar. Eso limita lo que Dios puede hacer en sus vidas.

NO LIMITES A DIOS

Algunos de ustedes reducen sus donativos en tiempos como estos porque anticipan problemas, ¡pero debes reducir tu deuda y tus gastos— no tus donativos! Lo peor que puedes hacer es reducir la cantidad de lo que siembras —eso limitará tu cosecha. Si hay algo que debes hacer, es ¡incrementar tus donativos! Pero, la mayoría de la gente no piensa de esta manera, por lo tanto limitan a Dios.

Antes de que el Señor me hablara en el año 2002, yo pensaba que verdaderamente tenía fe en Dios y si lo comparaba con mi situación anterior y con otras personas, me parecía que me estaba yendo bien. Me estaba yendo bien en comparación con otras personas—pero no es sabio compararte con otros. No importa si todos en tu familia siempre han sido unos fracasados. Eso no determina lo que te va a suceder a ti, a menos que creas que tus genes te condenan a ser un fracasado. Sólo porque todos los demás están sufriendo con la economía no significa que tú tengas que sufrir, a menos que tú creas que tienes que sufrir. Si se comparan unos con otros y se comparan con el mundo, están empleando un parámetro de comparación equivocado.

Si tú escuchas las noticias por unos cuantos minutos, vas a escuchar mucha basura. Hay mucho negativismo en las noticias. Por ejemplo, van a hablar de la temporada de catarro y van a decir que todos necesitan vacunas. La mayoría de la gente va a pensar: "Sólo soy un humano. Me va a dar la gripe si no me vacuno". Si escuchas a todos y piensas que te va a dar un catarro, así será. Pero no hay temporada en la que la Palabra de Dios no funcione —inclusive en la temporada de catarros. Debemos permanecer firmes en las Escrituras como el Salmo 91 y debemos decir que la plaga no se acercará a nuestra morada. Yo estoy decidido a permanecer firme en la Palabra de Dios y a vivir con salud sobrenatural.

CREENCIAS EQUIVOCADAS

La mayoría de nosotros escucha la basura de este mundo que nos inunda y escuchamos lo que el mundo está experimentando, entonces tenemos la expectativa de que nos vamos a enfermar. La mayoría de la gente permite que lo que sucede en el mundo les afecte. Quizá dicen: "Oh, sólo soy un humano". Pues bien, si somos vueltos a nacer entonces no somos solamente humanos— una tercera parte de nosotros es de pared a pared Espíritu Santo— una tercera parte de nosotros es salva (verbigracia, el espíritu). Por lo tanto, no deberíamos experimentar lo mismo que el mundo. No deberíamos compararnos con aquellos que no tienen a Dios viviendo en su interior. Eso es ignorancia. La manera políticamente correcta para explicarlo es decir que el problema es nuestra falta de conocimiento. En Texas decimos: "Eres un tonto, ¿cómo puedes ser tan tonto y seguir respirando?"

Mi papá murió cuando tenía 54 años de edad. Durante toda mi vida él fue un minusválido con un nivel bajo de actividad. Él nunca pudo jugar a la pelota o hacer cosas como esas conmigo. Él murió cuando yo tenía 12 años, de problemas del corazón. La gente decía que yo iba a tener problemas del corazón, endurecimiento de las arterias, la presión alta, y cosas como esas con la edad porque esas cosas son hereditarias. Una de las primeras cosas que hice cuando me acerqué al Señor fue que anulé esa maldición. No importaba lo que le hubiera pasado a mi papá. A mí no me iba a pasar lo mismo.

En cambio, mi mamá vivió hasta los 96 años de edad y fue fuerte como un roble hasta el fin de sus días. ¿Por qué la gente no me dijo que los buenos genes de mi mamá me ayudarían, en vez de fijarse en los genes malos de mi papá y de pronosticar lo peor sobre mí? La gente tiende a fijarse en lo peor, ésa es la razón. La mayoría de la gente diría: "Pues bien, mi papá tuvo problemas del corazón, entonces creo que yo tendré problemas del corazón". Aceptan estas cosas como si fueran inevitables. Debemos dejar de compararnos con nuestros padres y con otras gentes. Esta manera de pensar limita la sanidad que Dios quiere obrar en nuestros cuerpos.

La mayoría de la gente no le permite a la Palabra de Dios que interfiera con lo que creen. Piensan que siempre fue así con su familia, y que por lo tanto así serán las cosas. Tenemos que cambiar nuestra manera de pensar. Muchos de nosotros pensamos así y lo hacemos con tanta sutileza que ni siquiera lo reconocemos. Por ejemplo, hay muchas damas que han aprendido que aproximadamente de 2 a 6 días del mes tienen una excusa para actuar como el diablo. Dios no hizo a las mujeres así, pero han aceptado ese estándar que no es santo. Si creen que así será, Satanás les va a ayudar.

Mi esposa Jamie solía tener problemas "femeninos" cuando era joven, pero puso fe en Dios y venció todo eso. Ella pasó por la menopausia y no se desmoronó como un castillo de arena ni tuvo que tomar terapia de sustitución hormonal ni nada de eso. Ella atravesó esa etapa de una manera sobrenatural; sin embargo, muchos creen que la menopausia es terrible y que tienes que experimentar muchos síntomas— ¿pero quién lo dice? Nos han entrenado para verlo como algo natural así que aceptamos vivir con un estándar más bajo, con la creencia de que tenemos que enfermarnos, que nos va dar el catarro, que vamos a tener dolores de cabeza, o que no podremos vivir sin achaques.

Yo no tengo dolor en mi cuerpo y tengo más de 60 años. Me enfermé una vez en aproximadamente 40 años, y eso fue por mi necedad. Fue porque había ministrado 41 veces en una semana y 42 veces la semana siguiente, y me cansé tanto que literalmente me subí a gatas a la cama. Me quedé en cama un día para recuperarme y al día siguiente salí para cortar una pila de troncos, pero fue mucha actividad en poco tiempo, así que me enfermé. Eso fue tonto. ¡Puedes atribuirle eso a la necedad! Fue la única vez que me enfermé. Yo no creo en la enfermedad. Yo no acepto la enfermedad. Algunos de ustedes no pueden vivir de esa manera, pero no trates de hacerme desistir porque lo estoy viviendo. Cuando tú anticipas la enfermedad, tú le pones límite a Dios.

Si estás enfermo, no tienes que aprender todo lo relacionado con tu enfermedad. No debes concentrarte en la enfermedad; concéntrate en lo que la Palabra de Dios dice. Su Palabra dice que todas las cosas son posibles al que cree. Tú deberías declararte la Palabra a ti mismo en relación a la sanidad. Deberías poner versículos donde puedas verlos y ponerles atención. Pero la mayoría de nosotros limitamos a Dios porque estamos muy conectados con este mundo y estamos muy interesados con las vidas de los demás.

TÚ NO ERES COMO EL COMÚN DE LAS GENTES

Debería haber una diferencia entre nosotros y los que no conocen a Dios. Nosotros estamos vivos y ellos están muertos. Hay una diferencia entre un cadáver y alguien que está vivo. Algunos de ustedes están tan enfermos como sus vecinos, tan pobres como sus vecinos, y tan deprimidos como sus vecinos, y son tan negativos como sus vecinos —pero ellos ni siquiera conocen a Dios. Si a algunos de nosotros nos arrestaran porque somos cristianos, no habría suficiente evidencia como para sentenciarnos. Debería haber una diferencia. Dios nos hizo para vivir más allá de lo que estamos experimentando en nuestras vidas. Dios nos hizo para estar por encima de lo que es común y corriente. Si somos como el común de las gentes significa que no somos ni buenos ni malos; somos tibios (Apocalipsis 3:16). Dios nos hizo especiales a todos. Si no nos sentimos así, debemos quitarle los límites a Dios.

Esto no solamente es verdad en relación a nuestra salud y nuestras finanzas, y en relación a las otras cosas que están sucediendo en este mundo, pero también es verdad en el ámbito espiritual. La mayoría de la gente no está buscando a Dios verdaderamente ni lo están escuchando. No tienen una relación cercana con Él, por lo tanto esencialmente ven alrededor y piensan: "Pues bien, la mayoría de la gente no ve que las cosas se realizan, por lo tanto está bien que yo tampoco vea una victoria total". Esas personas limitan a Dios por su manera de pensar.

Un ejemplo de esto fue lo que sucedió después de los ataques terroristas del 11 de Septiembre. El ingreso para la mayoría de los ministerios disminuyó entre un 25-40% después del 11 de septiembre del 2001, porque la atención de la gente estaba puesta en los ataques terroristas. La gente dejó de ver la televisión y de escuchar el radio, excepto para ver o escuchar acerca de los acontecimientos de 9/11 y sus consecuencias. Todo el mundo estaba tratando de entender lo que estaba sucediendo. La gente estaba dando donativos en primer lugar a la Cruz Roja y a otras organizaciones.

La mayoría de los ministerios más grandes estuvieron a punto de la quiebra durante esa época. Pero, desde que sucedieron los ataques terroristas del 11 de septiembre, los ingresos de nuestro ministerio se triplicaron. ¡Aumentaron significativamente!

CREENCIAS EQUIVOCADAS

Inmediatamente después del 11 de Septiembre estábamos prosperando. ¡Hasta estábamos alcanzando nuevos récords mensuales de ingresos! Si eso funcionó para nosotros pudo haber funcionado para cualquiera.

Dios no hace acepción de personas (Romanos 2:11). Los creyentes deberían estar mejor que el común de las gentes. Después de todo, Jesús murió para librarnos de este presente siglo malo (Gálatas 1:4). Es triste, pero ésa no es la experiencia de todos los creyentes.

¿Estás limitando lo que Dios quiere hacer por ti o por medio de ti al compararte con otros? ¿Verdaderamente quieres ser como los demás y tener las mismas enfermedades y problemas económicos y emocionales? Debemos ir a la Palabra y descubrir lo que dice. La Palabra de Dios nos pondrá muy, muy, por encima, y no por debajo.

Te pondrá el Señor a la cabeza y no a la cola, sólo estarás encima y nunca estarás debajo, si escuchas los mandamientos del Señor tu Dios que te ordeno hoy, para que los guardes cuidadosamente.
DEUTERONOMIO 28:13

Si le preguntamos a alguien cómo le va, podría decir: "Pues bien, muy bien bajo estas circunstancias". ¡Debemos decirles que se salgan de allí! Se supone que debemos estar por encima solamente, y no por debajo. Somos la cabeza y no la cola. Se supone que debemos estar regocijándonos en medio de los problemas. No hay pretextos, aunque hay razones por las que tenemos problemas. No estoy condenando a nadie ni estoy diciendo que vivimos en un mundo perfecto y que todo es color de rosa, pero sí estoy diciendo que Dios no creó a nadie para el fracaso. Si tú estás experimentando el fracaso, Él no quiere que

NO LIMITES A DIOS

vivas así. Dios te ama. Dios quiere que ganes. Él te creó para ser un vencedor. ¡Tú eres un vencedor!

TÚ PUEDES LOGRARLO

Cuando el Señor me habló y me dijo que lo estaba limitando, reuní a mis empleados y les dije que no sabía cuánto tiempo iba a ser necesario para cambiar la imagen que tenía en el interior, pero yo sabía que había limitado a Dios. No me había visto a mí mismo haciendo lo que Dios me había pedido. Les había comentado a algunas personas lo que Dios me había dicho — pero yo no podía conceptualizarlo.

Les dije: "No sé cuánto tiempo se necesita para cambiar esta imagen en el interior. Quizá se lleve una semana, un mes, un año, o 10 años— pero voy a cambiar. Voy a hacer lo que Dios me pidió". Honestamente no tenía ni idea de cuánto tiempo se tardaría, pero en una semana, toda mi vida se enderezó.

Había estado tratando de ingresar en la segunda cadena de televisión de la nación durante dos años. Yo había participado en esa cadena de televisión como invitado (me dejaban predicar durante 45 minutos cada vez), y hasta era amigo de los administradores. Sin embargo, cada vez que trataba de ingresar en su cadena de televisión con un programa, nos daban un precio que era lo doble de su precio de lista. Nuestro agente de compras también trató de ayudarnos a ingresar, pero parecía que no nos querían allí. Era algo ilógico que no pudiéramos ingresar en esa cadena de televisión, porque éramos buenos amigos de los administradores.

Pero dos días después de que les dije a mis empleados que había tomado la decisión de cambiar la imagen en mi interior, recibí una carta de mi amigo en la que me preguntaba por qué no teníamos un programa en su cadena de televisión. Él dijo: "No sé cuál es el problema, pero haz planes para empezar el lunes y después arreglaremos los detalles del dinero". En una semana, ya estaba en esa cadena de televisión. Eso incrementó grandemente nuestro alcance.

En otra ocasión mi esposa Jamie y yo habíamos estado orando para que alguien nos ayudara con el ministerio, porque Jamie se estaba encargando de la administración. Ella estaba haciendo una buena labor, pero no era su fuerte. El crecimiento de nuestro ministerio nos estaba sobrepasando, por lo tanto necesitábamos ayuda. Pero, ¿cómo encuentras a alguien que tenga un corazón como el tuyo para el ministerio y que te permita regalar todo? Nosotros hemos regalado decenas de millones de casetes, libros, CD's, DVD's y otras cosas gratis. Todas las personas que nos ayudaron a administrar nuestro ministerio me dijeron que estaba loco, en especial cuando vieron nuestros estados financieros y se dieron cuenta de que estábamos batallando. Decían: "Vende tus cosas, deja de regalar todo". Fue por eso que Jamie se hizo cargo y lo administró, porque ella tenía un corazón como el mío y habíamos acordado que eso era lo que Dios nos había pedido.

Unos días después de que les dije a mis empleados que había tomado una decisión, llamé a uno de nuestros directores para cancelar una junta de directores. Él me dijo que le daba gusto que hubiera llamado porque él y su esposa habían decidido jubilarse antes de tiempo y querían cambiarse para ayudarnos a llevar nuestro ministerio a otro nivel. Para acortar el relato, él vino a trabajar para nosotros. Yo no podía creer que alguien que compartía nuestro corazón por el ministerio y con su conocimiento previo —experiencia y habilidad— pudiera trabajar para nosotros. Nuestro ministerio era pequeño y nuestro ingreso pobre, sin embargo él se jubiló antes de tiempo para venir a ayudarnos.

Cuando tomé la decisión en mi corazón de que iba a cambiar y que ya no iba a limitar a Dios, instantáneamente nuestro ministerio de televisión se triplicó y Dios empezó a traer gente de lo mejor para ayudarnos. Después me tomó dos meses para mandar una carta a nuestros socios diciéndoles que Dios me había dicho que lo estaba limitando. Pasó otro mes antes de que ellos respondieran. Así que fueron unos tres meses en total antes de que la gente me oyera hablar de esto. Pero antes de eso, en una o dos semanas, nuestro ingreso creció con mucha rapidez. ¡Nadie sabía nada! No respondieron por lo que yo hice. Hay algo que sucede en el ámbito espiritual. Cuando tú empiezas a creerle a Dios, eso activa las cosas en el ámbito espiritual. Tú tienes que ver el propósito de Dios para tu vida y debes quitar los límites y creer que Él tiene algo mejor para ti que lo que estás experimentando en tu vida.

Cuando le quité los límites a Dios y empecé a hacer lo que Él me pidió, ¡nuestro ministerio creció como nunca! Durante los siguientes 12 años, las llamadas por teléfono que recibimos en el ministerio aumentaron un 1500%. Ahora tenemos más de 1.1 millones de visitas en nuestra página de web por mes— aproximadamente unas 37,000 visitas por día. Tenemos más de 300 empleados (a diferencia de los 30 que teníamos en el 2001) y nuestros pedidos en línea se han incrementado en un 5000%. El ingreso de nuestro ministerio (sin contar el ingreso de nuestras escuelas bíblicas o de nuestras oficinas en el extranjero) se ha incrementado de aproximadamente $2.2 millones de dólares en el 2001 a $38 millones de dólares en el 2013. ¡Es un incremento muy grande! Estamos construyendo un campus de $65 millones de dólares y la primera etapa de $32 millones de dólares se pagó y se completó en Enero del 2014 sin deuda.

¡Esto es fenomenal! ¡Es algo fuera de lo común! Dios nos está multiplicando en todas las direcciones que tomamos. ¡Y LO MEJOR ESTÁ POR VENIR!

Todo empezó cuando Dios me dijo que lo estaba limitando con la estrechez de mi manera de pensar. Cuando cambié mi manera de pensar y empecé a creer de manera diferente, vi el poder sobrenatural de Dios. Al leer este libro muchos de ustedes sienten el deseo de ver estos resultados pero vacilan para recibir la chispa que causó esta explosión en mi vida. Pero no puedes tener este fruto sin esta raíz.

¡Tú puedes quitarle los límites a Dios! Tú puedes empezar a ver que Dios multiplica e incrementa tu eficacia y que transforma tu vida. Y no tienen que pasar 10 años para que suceda. Eso podría empezar en una o dos semanas, si tú corriges tu manera de pensar. Quizá la manifestación se tarde más. Muchas de las cosas que Dios empezó hacer en mi vida continuaban desarrollándose cinco o 10 años después. Pero una vez que hagas este ajuste en tu corazón, sólo requiere tiempo para que veas los resultados en tu vida.

No he llegado a la meta, pero ya arranqué. Voy en camino. Algunos de ustedes ni siquiera han arrancado. Algunos de ustedes están atorados. Algunos de ustedes quieren que las cosas sean diferentes pero si no cambian su manera de pensar, se encontrarán en el mismo lugar el próximo año orando y pidiéndole a Dios que haga las mismas cosas. Pero no es Dios el que se está limitando a Sí mismo— ¡eres tú! Tú lo estás limitando por tu estrecha manera de pensar y vas a tener que cambiar tu manera de pensar. Vas a tener que dejar de compararte con otros. Vas a tener que adentrarte en la Palabra para descubrir a los personajes que hicieron cosas extraordinarias, y vas a tener que aceptar que Dios no hace acepción de personas; entonces, si Él lo hizo por ellos—Él lo hará por medio de ti (Hechos 10:34). Permite que la Palabra de Dios te ponga a prueba. Permite que el Espíritu Santo hable por medio de ti y que pinte una imagen de lo que se supone que debes ser, y hacer. ¡Empieza a quitarle los límites a Dios!

CAPÍTULO 2

LAS PREOCUPACIONES DEL MUNDO

Hoy en día, es fácil permitir que las preocupaciones del mundo, el engaño de las riquezas, y los deseos de otras cosas entren y ahoguen la Palabra. Esas distracciones limitan a Dios y evitan que entendamos Su plan para nuestras vidas.

> *Otros son aquellos en los que se sembró la semilla entre los espinos; éstos son los que han oído la palabra, pero las preocupaciones del mundo, y el engaño de las riquezas, y los deseos de las demás cosas entran y ahogan la palabra, y se vuelve estéril.*
>
> MARCOS 4:18-19

Cuando la semilla (la Palabra de Dios) se siembra en la tierra (nuestros corazones), tiene el potencial de producir al ciento por uno. Pero la semilla no es el factor que determina cuánto se produce; la tierra es el factor determinante. Si tenemos muchos espinos en nuestras vidas y permitimos que las preocupaciones del mundo, el engaño de las riquezas y los deseos de las demás cosas entren a nuestros corazones y que ahoguen la Palabra de Dios, entonces estamos limitando lo que Él puede hacer en nuestras vidas.

AQUIÉTATE

Verdaderamente no podemos entender la grandeza de Dios si no nos aquietamos y nos apartamos de algunas cosas. Debemos estar quietos y permitir que Dios nos hable. El Salmo 46:10 dice: *"Estad quietos, y sabed que yo soy Dios"*. Cuando Jamie y yo estuvimos en Washington, DC, la semana que el presidente Reagan murió, tuvimos la oportunidad de asistir a su procesión funeraria. Cuando caminábamos por Washington DC, por el *National Mall* en un camino de pedregal, me di cuenta que no podía escuchar ningún ruido por nuestros pasos en el pedregal. No había nadie en rededor nuestro hablando o haciendo ruido, sin embargo no podíamos escuchar que las piedras hicieran ruido mientras caminábamos.

Al día siguiente cuando fuimos a *Shenandoah National Park,* y caminamos por un camino de pedregal sobre el *Appalachian Trail,* el ruido de nuestros pasos sobre el pedregal era tan fuerte que hacía eco por el bosque. Me pregunté cómo era que podíamos escuchar nuestros pasos sobre el pedregal aquí pero no pudimos escucharlos cuando estábamos en el *National Mall* el día anterior. Entonces el Señor me habló y me dijo que era por el ambiente ruidoso de Washington, DC— los aviones, el tráfico, y todo el ruido de fondo en esa área. Si estamos tan ocupados y tenemos tanta actividad en nuestro entorno, vamos a limitar nuestra capacidad para escuchar a Dios y nos vamos a perder de lo que Él nos está pidiendo que hagamos.

El SEÑOR le ordenó: —Sal y preséntate ante mí en la montaña, porque estoy a punto de pasar por allí. Como heraldo del SEÑOR vino un viento recio, tan violento que partió las montañas e hizo

LAS PREOCUPACIONES DEL MUNDO

añicos las rocas; pero el SEÑOR no estaba en el viento. Al viento lo siguió un terremoto, pero el SEÑOR tampoco estaba en el terremoto. Tras el terremoto vino un fuego, pero el SEÑOR tampoco estaba en el fuego. Y después del fuego vino un suave murmullo.

1 REYES 19:11-12 NVI

Elías presenció un terremoto, un fuego, y un viento recio que era tan fuerte que hizo añicos las rocas. Pero Dios no estaba en ninguna de esas cosas espectaculares. Él habló con una voz suave como un murmullo (1 Reyes 19:11-12 NVI). Ésta es la manera principal como Dios nos habla a nosotros. Él puede gritar y hacer cosas de una manera espectacular, pero la verdadera naturaleza de Dios es hablar con una voz suave como un murmullo.

Jesucristo dijo: *"Soy manso y humilde de corazón, y hallaréis descanso para vuestras almas"* (Mateo 11:29). Cuando Jesús vino a la tierra, Él pudo haber venido en un jet 747 y aterrizado en Jerusalén. ¡Eso hubiera captado la atención de la gente! En cambio, Él vino y le anunció su llegada a unos pastores.

La manera como el 99% de nosotros se va a relacionar con el Señor no es por medio de algún acontecimiento dramático como un flash resplandeciente de luz, sino más bien por medio de alguna manera simple y sutil. Pero si no tenemos cuidado, vamos a permitir que las preocupaciones del mundo, el engaño de las riquezas y el deseo de otras cosas entren y hagan que su voz suave como un murmullo nos pase desapercibida. El Salmo 46:10 nos dice, *"estad quietos, y sabed que yo soy Dios"* — debemos estar quietos.

La mayoría de nuestros estilos de vida no son propicios para una relación con Dios. Atiborramos nuestras vidas con actividad y nunca tenemos tiempo de relajamiento. Si por casualidad nos queda algo de tiempo para el relajamiento, nos sentamos enfrente de la televisión. Nunca tenemos tiempo en el que nuestras mentes estén libres para ser guiadas por Dios. Eso limita lo que Dios puede hacer en nuestras vidas.

Hace algunos años, tuve un sueño y en mi sueño vi una pancarta que tenía el Salmo 46:10 en ella, pero por nada del mundo pude acordarme de lo que dice ese Salmo. He citado este versículo cientos de veces pero ese día no podía recordar lo que decía. Cuando me desperté, busqué la referencia y decía: *"Estad quietos, y sabed que yo soy Dios"*.

No sabía con exactitud lo que este versículo significaba, pero pensé: "Pues bien, por si las dudas, me voy a quedar quieto sin moverme". Me salí al patio de mi casa y me acosté en el pasto. Entonces hubo venados que se acercaron y me miraron directamente a los ojos. Hubo ardillas listadas que se sentaron en mis pies y que se subían por mis piernas. Vi miles y miles de hormigas que se movían por todos lados. Escuché a los pájaros que volaban y el soplido del viento.

Antes no me había fijado en esas cosas, pero después de que me aquieté me di cuenta de que toda esa actividad está desarrollándose en rededor mío constantemente y sin embargo, me ocupo tanto que la paso desapercibida. Somos inconscientes de esas cosas por el ajetreo de nuestras vidas. De la misma manera, en el ámbito espiritual, Dios constantemente nos está hablando. ¿Alguna vez te has preguntado cómo es que los pájaros pueden volar miles y miles de millas y aterrizar exactamente en el mismo lugar, el mismo día, cada año? ¿O cómo es que los peces saben a dónde ir para poner sus huevos cada año? El Salmo 19:1 dice: *"Los cielos proclaman la gloria de Dios, y la expansión anuncia la obra de sus manos"*.

La creación nos habla a gritos cada día. Cada amanecer y atardecer es un gran testimonio de las maravillas de Dios. Dios nos está hablando constantemente, sin embargo estamos muy ocupados como para escucharlo. Nuestros estilos de vida están ahogando lo que Dios quiere hacer en nuestras vidas. Debemos pasar tiempo estando quietos y permitiendo que Dios nos hable. Pero a muchas personas no les gusta hacerlo porque cuando se aquietan, es como si hubiera un aparato detector o un pequeño sistema localizador que suena cada vez que se aquietan, y empiezan a pensar: "¿Esto es todo? ¿A esto se reduce mi vida? ¿Hay algo más? ¿Estoy haciendo verdaderamente lo que Dios me pidió?" La mayoría de la gente se siente incómoda con estas preguntas y no quieren tratar con esto, así que las pasan por alto. Eso impide que escuchen la voz de Dios.

Nuestros estilos de vida son tan ajetreados que con frecuencia hablamos de lo muy ocupados que estamos. Si nos queda tiempo libre, lo llenamos con algo. Hacemos varias cosas simultáneamente y nos sentimos orgullosos de que podemos hacer muchas cosas al mismo tiempo. Tenemos que llegar al punto de nuestras vidas en el que el ambiente sea propicio para escuchar la voz de Dios.

Jesucristo apartó a sus discípulos y les dijo que fueran a un lugar solitario para descansar un rato (Marcos 6:31). Jesús fue al desierto a descansar, pero las multitudes lo siguieron rodeando el lago y no le permitieron descansar. Así que Él se quedó despierto toda la noche orando (Mateo 14:23). Jesús estaba recargando sus baterías espirituales por medio de la comunicación con Su

Padre. Eso era más importante para él que el sueño. Si Jesús necesitaba separarse —apartarse para descansar un rato— y si Jesús les dijo a sus discípulos que descansaran un rato, entonces debemos seguir Su ejemplo y debemos hacer lo mismo.

TÚ ESCOGES

Yo sé, oh Señor, que no depende del hombre su camino, ni de quien anda el dirigir sus pasos.
JEREMÍAS 10:23

Dios nos ha dado el derecho de manejar nuestras vidas. Tenemos la libertad de manejar nuestras vidas, pero no es la opción correcta. Solamente podemos desarrollar todo nuestro potencial cuando dependemos de Dios y buscamos Su liderazgo. Dios no nos creó para que manejemos nuestras vidas. No depende del hombre su camino. Debemos pasar tiempo con Dios y su Palabra y seguir Su plan para nuestras vidas.

Veamos este versículo en Deuteronomio.

Al cielo y a la tierra pongo hoy como testigos contra vosotros de que he puesto ante ti la vida y la muerte, la bendición y la maldición. Escoge, pues, la vida para que vivas, tú y tu descendencia.
DEUTERONOMIO 30:19

Dios nos permitió escoger, pero Él nos dijo qué opción debemos tomar. La opción correcta es escoger la vida — escoger a Dios. Debemos desarrollar la capacidad de prestarle atención a Dios; sin embargo, no podemos hacerlo cuando las preocupaciones de esta vida y otras cosas están ahogando la Palabra de Dios en nuestro interior. Requiere tiempo y esfuerzo. La gente con frecuencia dice: "No tengo tiempo en cantidad pero tengo tiempo de calidad". Pero debemos pasar cantidad de tiempo con el Señor. Debemos mantener nuestras mentes en Él. Eso no significa que debemos convertirnos en predicadores o dejar de trabajar en un empleo secular. Podemos mantener nuestras mentes en el Señor independientemente de lo que hacemos.

Yo no siempre fui un predicador. Me reclutaron en el ejército. Estuve totalmente inundado y rodeado por la impiedad y sin embargo, mantuve mi mente en el Señor y le di a Dios el primer lugar en medio de situaciones terribles. También he desempeñado trabajos seculares. Yo preparaba concreto para ganarme la vida y era capaz de mantener mi mente en cl Scñor. ¡Tú también puedes hacerlo!

La misma parte de nosotros que medita en la Palabra es la misma parte que se preocupa. La preocupación es el aspecto negativo de la meditación. ¿Alguna vez has ido a trabajar mientras estabas preocupado por tu familia, por tu situación económica, por tu salud, o por algo más? Aunque estabas preocupado, podías desempeñarte en tu trabajo. De la misma manera, tú puedes mantener tu mente fija en el Señor.

Porque las armas de nuestra contienda no son carnales, sino poderosas en Dios para la destrucción de fortalezas; destruyendo especulaciones y todo razonamiento altivo que se levanta contra el conocimiento de Dios, y poniendo todo pensamiento en cautiverio a la obediencia de Cristo.

2 CORINTIOS 10:4-5

NO LIMITES A DIOS

Podemos poner todo pensamiento en cautiverio a la obediencia de Cristo. Podemos mantener nuestras mentes en el Señor. Isaías 26:3 dice: *"Al de firme propósito guardarás en perfecta paz, porque en ti confía"*. Si no tenemos perfecta paz, nuestra mente no está fija en el Señor. Estamos escuchando la misma basura que el mundo está escuchando, en vez de escuchar la Palabra de Dios.

Si vas a quitarle los límites a Dios, vas a tener que disminuir la impiedad y toda la basura del mundo que está llegando a tu corazón, y vas a tener que aquietarte, guardar silencio, y empezar a escuchar a Dios — y empezar a enfrentar algunas de estas preguntas difíciles: ¿A esto se reduce la vida? ¿Es esto todo lo que Dios quiere que haga? ¿Hay algo más? ¿Estoy en la profesión correcta? ¿Es esto lo que Dios quiere que haga? Y hasta que empieces a considerar estas ideas y a estar quieto y a permitir que Dios te hable por medio de tu corazón, vas a seguir limitando a Dios. Terminarás como aquellos que están llenos de deudas. Obtendrás los mismos resultados mientras que hagas las mismas cosas que otras personas hacen. Debes estar quieto.

¿ESTÁS AHÍ?

Había en Damasco cierto discípulo llamado Ananías; y el Señor le dijo en una visión: Ananías. Y él dijo: Heme aquí, Señor.
HECHOS 9:10

La mayoría de ustedes probablemente no tienen este versículo subrayado en sus Biblias. Pero el Señor abrió mis ojos con este versículo hace más de 40 años, y cambió mi vida. El Señor me habló por medio de este versículo y me dijo: "Andrew: ¿Cuántas veces he llamado tu nombre y tú no estabas presente? Estabas haciendo otra cosa". ¿Qué hubiera sucedido si Dios hubiera llamado a Ananías y él se hubiera encontrado en tal estado que los afanes de esta vida, el engaño de las riquezas y la codicia por otras cosas estuvieran ahogando la Palabra en su vida de manera que él no hubiera podido escuchar a Dios? Es posible que Dios hubiera asignado a otra persona para que le ministrara a Saulo. No estoy seguro de cómo hubieran resultado las cosas, pero estoy seguro de que no estaríamos hablando de Ananías. ¿A cuántos de ustedes Dios les ha hablado y ha tratado de evitar que cometan un error, y ha tratado de cambiar su vida y ha tratado de hacer cosas en su vida —y no estaban ahí porque estaban muy ocupados o estaban viendo las telenovelas?

Nuestro estilo de vida en América no es propicio para conocer a Dios. Si vamos a quitarle los límites a Dios, vamos a tener que empezar a pasar tiempo con Él. Vamos a tener que renovar nuestras mentes. Así de importante es la Palabra de Dios. La Palabra de Dios pondrá nuestra atención en las cosas de Dios. Si vamos a quitarle los límites a Dios y a empezar a experimentar Su mejor bendición en nuestras vidas, vamos a tener que desconectarnos de este mundo para fijar nuestras mentes en Dios y para darle a Él una oportunidad para que nos hable con una voz de murmullo.

Yo hago un esfuerzo deliberado para invertir tiempo pensando en el Señor. Me paso tiempo caminando en el sendero que construí afuera de mi casa. Me paso tiempo sentado afuera —observando y pensando. Estas cosas son importantes. Nuestros estilos de vida se han llenado de mucha actividad. Esto limita lo que Dios puede hacer en nuestras vidas. Si queremos inspirar a los demás, nosotros mismos debemos llenarnos de inspiración. Debemos permitir que Dios nos hable. No podemos darle a Dios algo que no tenemos. Y a la mayoría de nosotros Dios no nos habla activamente porque estamos muy ocupados como para escucharlo o para dedicarle algo de tiempo.

DIOS HA ESCOGIDO LO NECIO DEL MUNDO

Deberíamos tener el deseo de querer conocer más a Dios. Es difícil decir de cuántas cosas me he perdido porque Dios trató de hablarme pero yo estaba muy ocupado para poder escuchar lo que Él estaba diciendo, pero también he escuchado muchas cosas porque he estado disponible. Hay muchos de ustedes que tienen tanto talento que solamente dependen de su talento, y no sienten que necesitan tanto a Dios. Tú crees que puedes hacer las cosas por tu cuenta porque te sientes motivado y tienes talento. Pero siento lástima por ti. Es una bendición no contar con algún gran talento, porque eso hace que uno dependa de Dios.

> *Sino que Dios ha escogido lo necio del mundo, para avergonzar a los sabios; y Dios ha escogido lo débil del mundo, para avergonzar a lo que es fuerte.*
>
> 1 CORINTIOS 1:27

Dios no escogió a los fuertes, a los ricos, ni a los poderosos. Él escogió lo necio del mundo — las cosas que son despreciadas. No es porque Dios está en contra de la gente que tiene dinero, educación, talento y habilidad. Lo que sucede es que cuando la gente tiene todo en el ámbito natural, se inclinan por pensar que pueden hacer las cosas por su cuenta y por eso no dependen de Dios. Las personas que marcan la diferencia son aquellas que no tienen mucho, porque se están acercando a Dios y lo buscan y por eso Él puede hablarles. Dios continúa hablando con las personas poderosas y talentosas, pero la gran mayoría de ellas no lo escuchan porque no dependen tanto de Él.

Es un beneficio saber que necesitas a Dios; que no depende del hombre su camino. Si tú te pasaras unos días o te tomaras un fin de semana para ayunar y orar — sin distraerte por la comida o cualquier otra cosa— y pusieras tu atención en Dios y preguntaras: "Dios, ¿A esto se reduce mi vida? ¿Qué propósito tienes para mí? ¿Verdaderamente estoy donde se supone que debo estar? ¿Le estoy dando al blanco o estoy desatinando?" Si tú le dieras a Dios toda la libertad y estuvieras quieto y permitieras que Dios te hablara, serías transformado. Pero la persona común no le da a Dios esa clase de tiempo y quietud, y no escuchan mucho la voz de Dios. Pero debemos hacer esto con regularidad.

Proverbios 4:26 nos dice: *"Fíjate en el sendero de tus pies, y todos tus caminos serán establecidos"*. Debes fijarte en el sendero en el que estás. Debes pensar al respecto. Debes meditar en eso y estar quieto. Si lo haces, tu camino será establecido.

Yo paso mucho tiempo reflexionando y pensando sobre lo que Dios ha hecho en mi vida. Paso mucho tiempo recordando de dónde vengo y las cosas que Dios me ha dicho al pasar de los años.

Dios ha hecho muchas cosas en mi vida. Constantemente reflexiono y pienso sobre la manera en que Dios ha transformado mi vida y cuánto me ama.

Si vas a quitarle los límites a Dios y a ver que Su designio se realice en tu vida, vas a tener que comprometerte a buscar a Dios con todo tu corazón. Tienes que aquietarte y permitirle que Él te hable. Tienes que guardar silencio ante Dios y escuchar. Algunos de ustedes están buscando algo más profundo que esto, pero hasta que empiecen a hacer estas cosas, no tiene sentido tratar de tomar el siguiente paso.

MIS OVEJAS ESCUCHAN MI VOZ

Debemos tener la atención puesta en el Señor. Debemos pasar tiempo con Él. Si no hacemos eso, limitaremos lo que Dios puede hacer en nuestras vidas. Él no nos va a obligar a hacer las cosas. Él va a acercarnos y a cortejarnos, y nos va a hablar con una voz de murmullo. Pero si tenemos mucho ruido en rededor nuestro todo el tiempo, no vamos a escuchar Su voz y después nos vamos a preguntar por qué no nos está hablando.

En Juan 10:27, Jesucristo dijo: "Mis ovejas *escuchan* Mi voz", Él no dijo: "Mis ovejas *pueden escuchar* Mi voz". Dios nos está hablando cada minuto de todos los días. Y en cada ocasión nosotros tenemos la oportunidad de escoger, Dios nos está dando instrucciones. Si no estamos escuchando Su voz, es porque somos deficientes auditivos —y no porque Él no nos está hablando. Estamos ahogando Su voz con otras cosas. Tenemos que cambiar nuestro estilo de vida y poner nuestra atención en Dios para poder quitarle los límites a Él. No tienes que saber todo antes de que emprendas algo. Sólo debes saber que Dios te está hablando a ti.

CAPÍTULO 3

EL TEMOR AL RIESGO

Muchas personas le temen a lo desconocido, porque implica un riesgo. Le tenemos miedo a la inseguridad. No nos gusta esforzarnos. Pero si no estamos tomando riesgos, estamos de más, y no podremos evitar ponerle límite a Dios. Es emocionante correr riesgos. Mi esposa vio a su mamá y a su papá despertarse, ir a trabajar, regresar a casa, ver la televisión, para irse a dormir, y volver a repetirlo todo al día siguiente. Ella oró para que su vida nunca fuera aburrida. Pues bien, ella recibió la respuesta a su oración. ¡Nuestras vidas no son aburridas en lo más mínimo!

No debes conformarte solamente con sobrevivir para pasártela bien. En la vida hay mucho más. Debes tener un propósito. Debes tener iniciativa. Debes tener fe en Dios para algo más. Quizá algunos de ustedes piensan: "Pero si hago algo riesgoso, podría morir". Pero ¿cuál es la diferencia entre morir y experimentar una muerte lenta, porque te sientes infeliz y deprimido? ¡Debes dejar la cautela y debes lanzarte!

Instintivamente tenemos miedo de las cosas que no conocemos. La Biblia dice,

En el amor no hay temor, sino que el perfecto amor echa fuera el temor.
1 JUAN 4:18

NO LIMITES A DIOS

Si verdaderamente tienes una relación dinámica con Dios, no tienes que temerle a lo desconocido. Después de todo, quizá tú no sabes lo que el futuro te depara, pero conoces al que controla el futuro. Dios nunca va a hacer nada para lastimarte siempre va a hacer cosas para bendecirte.

No debes tener miedo de volver a empezar. Algunas personas piensan: "Si voy a la escuela bíblica, quizá Dios me llame para ir a África". Tienen temor de lo que Dios pudiera pedirles. Pero si Dios los llamara a África, ¡les encantaría! ¡Sería fantástico!

Algunas personas no se atreven a hacer nada, sin embargo están fallando porque no están haciendo nada. Están tomando las cosas con mucha cautela. 2 Reyes, capítulo 7, es un buen ejemplo de esto.

> *Y había cuatro leprosos a la entrada de la puerta, y se dijeron el uno al otro: ¿Por qué estamos aquí sentados esperando la muerte? Si decimos: "Vamos a entrar en la ciudad," como el hambre está en la ciudad, moriremos allí; y si nos sentamos aquí, también moriremos. Ahora pues, vayamos y pasemos al campamento de los arameos. Si nos perdonan la vida, viviremos; y si nos matan, pues moriremos. Y se levantaron al anochecer para ir al campamento de los arameos. Y cuando llegaron a las afueras del campamento de los arameos, he aquí, no había allí nadie. Porque el Señor había hecho que el ejército de los arameos oyera estruendo de carros y ruido de caballos, el estruendo de un gran ejército, de modo que se dijeron el uno al otro: He aquí, el rey de Israel ha tomado a sueldo contra nosotros*

EL TEMOR AL RIESGO

a los reyes de los hititas y a los reyes de los egipcios, para que vengan contra nosotros. Por lo cual se levantaron y huyeron al anochecer, y abandonaron sus tiendas, sus caballos y sus asnos y el campamento tal como estaba, y huyeron para salvar sus vidas. Cuando llegaron los leprosos a las afueras del campamento, entraron en una tienda y comieron y bebieron, y se llevaron de allí plata y oro y ropas, y fueron y lo escondieron; y volvieron y entraron en otra tienda y de allí también se llevaron botín, y fueron y lo escondieron. Entonces se dijeron el uno al otro: No estamos haciendo bien. Hoy es día de buenas nuevas, pero nosotros estamos callados; si esperamos hasta la luz de la mañana, nos vendrá castigo. Vamos pues, ahora, y entremos a dar la noticia a la casa del rey.

2 REYES 7:3-9

Los sirios tenían a la gente de Dios rodeada, y el sitio era tan severo que hasta se vendía excremento de animal a precios altos. También, se dio el caso de dos mujeres que mataron a uno de sus bebés y se lo comieron. Al día siguiente, iban a matar al otro bebé para comérselo también. Era una hambruna muy severa. Y las Escrituras dicen que esos cuatro leprosos se dijeron el uno al otro: "¿Por qué estamos aquí sentados esperando la muerte?" Con toda seguridad ésta es una de las frases más trascendentales en la Biblia. Dentro de la ciudad, ¡la gente se estaba comiendo hasta a sus propios hijos y el excremento de los animales! ¿Podrías imaginarte qué terrible era la situación afuera de la ciudad para esos desterrados?

Nadie pudo haber sentido más miedo que esos leprosos. Si hubieran entrado a la ciudad, hubieran muerto por la hambruna, pero si se hubieran quedado afuera de la ciudad, hubieran muerto de inanición. Por lo tanto, decidieron tomar un riesgo para ir a donde se encontraba el enemigo, sabían que lo peor que podría sucederles era que murieran. ¡A mí me gusta mucho esa manera de pensar!

Los cuatro leprosos estaban en una situación terrible. Sin embargo dijeron: "¿Por qué estamos aquí sentados esperando la muerte?"

Si vemos esto desde un punto de vista objetivo y lógico, podemos ver que ésa fue la decisión más sabia. Era la única posibilidad que tenían para sobrevivir. Los leprosos tenían que salir y correr un riesgo. Era la única opción que tenía sentido.

Cuando los leprosos llegaron ahí, el Señor hizo que los sirios escucharan el ruido de un ejército. Pensaron que los israelitas se habían aliado con los egipcios para pelear en contra de ellos, por lo tanto se llenaron de pánico y huyeron. La comida todavía se estaba cocinando en las fogatas, y dejaron su oro, su plata, sus vestidos, sus animales ¡todo!

Cuando los leprosos llegaron al campo de los sirios, no había nadie ahí, por lo tanto entraron, encontraron la comida y empezaron a comer. También encontraron el oro y la plata. Inmediatamente pasaron de un estado de pobreza e inanición a ser unas de las personas más ricas del lugar. Tenían tanto que ni podían cargarlo todo. Finalmente dijeron: "Lo que estamos haciendo no está bien. Debemos regresar y decirle a la gente en Samaria lo que sucedió". Así que, regresaron y se convirtieron en héroes. Y todo sucedió porque corrieron un riesgo al salir y enfrentar la posibilidad de perder sus vidas. ¡Corrieron un riesgo!

EL TEMOR AL RIESGO

Cuando asistí a la Iglesia Bautista, solíamos cantar una canción que dice, "a donde Él guíe, iremos". Después los misioneros se presentaban y hablaban de hacer un compromiso total con el Señor, que por lo general significaba ir a África a vivir en una choza. Tenían la idea de que si alguien se sometía totalmente a Dios, Él les haría algo terrible. Pero así no es como Dios hace las cosas. Él sí envía gente a África, pero cuando lo hace, Él pondrá el deseo de estar ahí en su corazón, ¡y a la persona le gustará mucho!

UN ÉXITO ROTUNDO

El miedo al fracaso es una cuestión importante. Cuando tenemos miedo de fracasar, no vamos a actuar ni a correr riesgos para hacer lo que Dios nos pidió. Dios tiene buenos planes para nosotros (Jeremías 29:11). Limitamos a Dios cuando tenemos temor de lanzarnos a hacer algo porque pensamos que podríamos fallar. Creo que el fracaso más grande es cuando somos muy cautelosos, porque tenemos temor de cometer algún error. Vamos a cometer errores. Así será. Pero Dios no se va a caer del trono porque cometemos un error.

Cuando nos cambiamos a nuestro edificio actual, nos cambiamos de un edificio de 14,600 pies cuadrados a un edificio de 110,000 pies cuadrados. Ése fue un cambio muy importante para nosotros. Y lo hicimos sin endeudarnos. ¡Fue maravilloso! Cuando estábamos construyendo esas instalaciones, tratamos de terminarlas para agosto para poder iniciar el ciclo escolar en el edificio nuevo. Pero no lo terminamos sino hasta noviembre.

Durante la ceremonia de dedicación, uno de mis estudiantes me preguntó si me sentía desilusionado porque no pudimos cambiarnos al edificio nuevo en agosto. Yo le contesté: "No, no me siento desilusionado. Estoy muy emocionado porque a pesar de todo estamos aquí. Juntamos 3.2 millones de dólares por encima de nuestros gastos normales en 14 meses. ¡Yo digo que eso es un éxito rotundo!" Nuestro plan era hacerlo en agosto, pero el hecho de que nos tardamos tres meses más no representó un gran problema. Nunca he hecho algo perfecto en toda mi vida, por lo tanto eso no me molestó. Si nuestra meta es llegar a las estrellas y fallamos, pero llegamos a la luna, eso de todas maneras es mejor que lo que la mayoría de la gente logra.

Si tienes temor de hacer algo porque existe la posibilidad de que no lo hagas perfectamente, nunca realizarás nada. ¡Tienes que lanzarte! ¡Dios es más grande que tus errores!

EL TEMOR AL FRACASO

Antes de que Dios me dijera que lo había limitado, ya habíamos llegado a un punto en nuestro ministerio en el que estábamos alcanzando a la gente, teníamos ingresos, y estábamos en una situación relativamente cómoda; por lo tanto yo no quería hacer olas. No quería correr el riesgo de fracasar. El temor al fracaso hará que falles más que cualquier otra cosa. De hecho es mejor lanzarte y creerle a Dios aunque fracases. Si lo haces Dios te levantará, te quitará el polvo, y entonces podrás levantarte y volver a intentarlo. El peor fracaso es quedarte paralizado hasta el punto en que no haces nada.

EL TEMOR AL RIESGO

Quizá estás viviendo muy bien. Quizá tienes trofeos y reconocimientos en tu repisa, pero fuiste creado para realizar un propósito que todavía no has descubierto. Quizá hasta has tenido éxito por medio de tu propia fuerza y poder. Hay gentes perdidas que también lo logran, pero no se sienten satisfechas en sus corazones. No experimentan el mismo regocijo que aquellos que saben que están haciendo lo que Dios les pidió. Tú fuiste creado con un propósito. Dios tiene más cosas para nosotros que lo que la gran mayoría está experimentando. Debemos deshacernos de este temor al fracaso.

Es una locura orar para que tu vida sea diferente y seguir haciendo lo mismo. Si tú haces las mismas cosas, vas a obtener los mismos resultados. Haz algo diferente. Aunque esté mal, haz algo diferente. Sería mejor correr el riesgo de intentar algo diferente, que no hacer ningún intento porque tienes miedo. ¡Haz algo diferente! Por lo menos, te darás cuenta de que no le atinaste y podrás eliminar esa opción de tu lista. No tengas temor. Los fracasos más grandes en la vida son los que vienen porque se actúa con mucha cautela y no se corre ningún riesgo.

¡Tienes que lanzarte! El mundo está buscando a Dios. Están buscando en todos los lugares equivocados, y una de las razones es que la gente que es vuelta a nacer no está viviendo en la plenitud del llamamiento de Dios. Sus vidas deberían ser un testimonio. ¡Si nos incendiamos con el fuego de Dios, el mundo vendrá para vernos arder!

¿Cómo te deshaces del temor? *El perfecto amor echa fuera el temor* (1 Juan 4:18). Debes reconocer que Dios te creó para realizar un propósito. Él te diseñó con un propósito. Tenemos tanto temor de ser diferentes que no queremos salirnos de la norma. Es mejor enfrentar esto ahora que esperar hasta la muerte, hasta que estés ante el Señor y que Él te pregunte: "¿Por qué no hiciste lo que te pedí?"

Quizá tú contestes: "Pues bien, Dios, hice mucho dinero. Tuve mucho éxito. Fui el líder de la Asociación de Padres de Familia. Fui miembro del ayuntamiento. Hice esto y lo otro".

Él dirá: "Pero eso no es lo que te pedí que hicieras. ¿Por qué no hiciste lo que te pedí?" Todos los trofeos y logros no significarán gran cosa cuando Dios diga: "Yo te creé con un propósito y nunca lo realizaste. Nunca me creíste".

Quizá nos resistimos y por el temor al fracaso, la flojera, el temor al cambio y otras cosas, en realidad no lo aceptamos. Pero cuando estemos ante el Señor y Él diga: "Yo te creé para que hicieras esto", nosotros contestaremos: "Yo lo sabía en mi corazón. Fue un sueño que tuve. Sabía que había algo más".

Cuando finalmente llegamos al punto en nuestro ministerio en el que ya no nos estábamos preocupando por sobrevivir, pudimos habernos quedado ahí y Dios hubiera seguido amándonos. Pero el día que me tocara presentarme ante el Señor, Él me diría: "Te llamé para que hicieras mucho más de lo que hiciste, pero tú me limitaste".

Cuando Dios me dijo que le quitara los límites a Él, empezamos a crecer y actuar con determinación. Estábamos corriendo riesgos. Si Dios no hacía Su parte —si el plan no era de Dios— nos veríamos en un gran aprieto. Me llené de temor. Habíamos dejado un edificio de 14,000 pies cuadrados y nos cambiamos a un edificio de 110,000 pies cuadrados. ¡Era de dar miedo!

EL TEMOR AL RIESGO

Cuando lo vemos en retrospectiva, podemos ver que recuperamos el costo. Nuestro ingreso se ha incrementado de manera proporcional, por lo tanto el incremento ha sido unas cuatro o cinco veces mayor que el ingreso que teníamos cuando estábamos haciendo las cosas a menor escala. Es porque estábamos en el lugar indicado por Dios. Las bendiciones son mucho mayores. Lo que estamos haciendo ahora tiene un beneficio mayor. Así será para ti. Dios quiere hacerte prosperar. Dios quiere hacer algo especial en tu vida.

EL DESIGNIO DE DIOS ES EL LUGAR MÁS SEGURO SOBRE LA FAZ DE LA TIERRA

Una de las razones por la que hay gente que está batallando en sus matrimonios y en otras áreas es que no han cooperado con el plan que Dios tiene para ellos. Se desilusionan y se desaniman. No hay lugar como estar en el centro del designio de Dios.

Dos días después de los ataques del 11 de septiembre, uno de mis socios me llamó. Su hija estaba estudiando medicina y estaba haciendo planes para ir a Afganistán en una misión para doctores. Él tenía a su hija en la otra línea del teléfono y me dijo que le pidiera que cancelara su viaje. Ella se puso al teléfono y le pregunté si pensaba que Dios quería que fuera a Afganistán.

Ella contestó: "Sin lugar a dudas yo sé que esto es lo que Dios me pidió que hiciera".

Yo le dije a su papá: "¿Sabes qué? Ella debe ir".

Él contestó: "¿Cómo puedes decir eso? Ella se está poniendo en peligro".

Le dije: "Estar en el centro del designio de Dios es el lugar más seguro sobre la faz de la tierra". Finalmente ella se fue a Afganistán más tarde ese mismo día. Todo salió bien y Dios la bendijo.

Por el contrario, una de nuestras primeras alumnas de la escuela bíblica tenía un esposo que no le permitía participar en nuestros viajes misioneros, porque tenía miedo de que ella volara en un avión. La obligó a quedarse en casa. Por lo tanto ella se quedó en contra de sus deseos, para someterse a su esposo. Cuando estábamos en ese viaje misionero, ella estaba manejando rumbo a su casa y un adolescente se durmió al volante y se cruzó el área intermedia y chocó con ella. Ella murió en ese accidente automovilístico. ¡Ella hubiera estado más segura haciendo lo que Dios le había pedido!

Las excusas que pudieras tener para desacatar el designio que Dios tiene para tu vida no tienen valor; están mal. Cuando estás en el centro del designio de Dios, ése es el lugar más seguro, más feliz, y más próspero. Piensa en esto: Dios todopoderoso, el responsable de la administración de todo el universo, que habla con millones y millones de personas y atiende sus oraciones y peticiones, se toma tiempo para hablar contigo y poner algo en tu corazón. Y que tú te pongas a discutir si vas a hacer o no lo que Él dice es algo que yo no puedo comprender. Si yo sé que Dios quiere que yo haga algo, lo voy a hacer o me voy a morir en el intento. No voy a vivir en ningún lugar, salvo donde Dios quiere que yo esté. Y tú deberías hacer lo mismo.

EL TEMOR AL RIESGO

Si tú sientes que Dios ha puesto algo en tu corazón, ¡hazlo! Quizá no estás listo para hacerlo justo en este momento, pero empieza a moverte en esa dirección. Si no estás totalmente seguro de lo que Dios te dijo, por lo menos pon tu barco en movimiento. No tienes que arrancar a toda velocidad. Cuando estás en reposo, puedes darle vuelta al timón 360° y no producirá movimiento en ninguna dirección. Debes moverte en alguna dirección. Tienes que hacer algo. Di: "Dios, no estoy totalmente seguro, pero creo que debo hacer esto. Voy a tomar esta dirección, y hasta que esté seguro, voy a hacer ensayos y a ver cómo salen las cosas".

Cuando empieces a moverte, Dios te orientará. Las cosas empezarán a funcionar. Comprométete a hacer algo. Por lo menos, comprométete a encontrar el designio que Dios tiene para tu vida. Yo tengo un libro titulado, *Cómo Descubrir, Seguir, y Realizar la Voluntad de Dios*. Ésta es una herramienta muy buena para ayudarte a descubrir la voluntad de Dios para tu vida. No vas a realizar la voluntad de Dios por accidente; vas a tener que hacerlo a propósito.

Si tú sientes que Dios te ha revelado algo, y sabes que necesitas descubrir el designio que Dios tiene para tu vida —o pudiera ser que ya conoces el designio de Dios, y por la razón que sea no lo has realizado— estás permitiendo que el temor te paralice. Debes arrepentirte y debes hacer aquello que Dios puso en tu corazón. Debes actuar con resolución, no debes descansar hasta que descubras lo que Dios quiere que hagas.

Para poder tener el verdadero gozo y la paz del Señor, debes descubrir y esforzarte activamente por llevar a cabo Su designio. Hay una insatisfacción santa que Dios pone en nuestro interior cuando estamos fuera de lugar —cuando sabemos que hay algo más. Recuerdo que yo estaba en un servicio cuando acepté una

NO LIMITES A DIOS

invitación como ésta. Me pasé toda la noche caminando por los riachuelos de Luisiana orando: "Dios, descubriré tu designio para mi vida. Haré aquello para lo que me llamaste". Y Dios honró esa oración, y transformó mi vida. ¡Él hará lo mismo por ti!

NUESTRA SEGURIDAD ESTÁ EN ÉL

En una ocasión, un amigo mío me contactó y me dijo que iba a inaugurar una escuela bíblica. El tenía cuatro páginas llenas de buenas preguntas para entender cómo se debe inaugurar una escuela bíblica. Una de las preguntas que hizo fue la siguiente: "Si hicieras las cosas de nuevo, ¿qué harías diferente?" Yo pensé al respecto, y ¿sabes qué? No haría nada diferente.

Nuestra escuela bíblica ha cambiado mucho desde que iniciamos las actividades. Es mucho mejor que antes, pero en aquel entonces, yo puse todo mi empeño. No tenía muchos recursos, por lo tanto no podíamos hacer las cosas como las hacemos ahora. Tampoco tenía el mismo personal. Había muchas limitaciones al principio.

Si yo hubiera dicho: "Voy a inaugurar una escuela bíblica de manera perfecta y será la mejor escuela bíblica que haya existido", nunca hubiéramos inaugurado una escuela bíblica. Tuvimos que empezar con lo que teníamos, y pues sí, cometimos algunos errores y hemos aprendido algunas cosas. Por eso es mucho mejor ahora que cuando la iniciamos.

Algunas personas son perfeccionistas. Les da miedo cometer un error, por lo tanto no hacen nada —pero en realidad ése es el error más grande de todos. Es como cuando un niño pequeño está aprendiendo a andar en bicicleta. Quizá se caiga, o se raspe la rodilla, ¿pero sabes qué?; se va a levantar y va a intentarlo de nuevo. Finalmente, aprenderá a andar en bicicleta.

La gente tiene temor de cometer errores. Esto realmente se reduce al hecho de que no están seguros en Jesús. Tienen temor porque su identidad y su valor están en lo que hacen. Pero no debería ser así. Debemos encontrar nuestra seguridad y nuestra identidad en nuestra relación con Dios. Si mi ministerio fracasara, y me viera en la necesidad de tener que regresar a mezclar concreto para ganarme la vida, yo sé que Dios seguiría amándome. Podría tener una relación muy buena con Él sin el ministerio. Mi identidad no está en mi ministerio. No es la esencia de quién soy yo. Solamente es un medio que Dios me ha dado para usarlo mientras estoy en la tierra.

En una ocasión mi comité de directores me dijo: "¡Andrew, estás en la quiebra… cierra las puertas. Vamos a cerrar el negocio ahora mismo!" Iban a cerrar nuestro ministerio porque no podíamos salir adelante. Finalmente cuando pensé al respecto, en realidad me emocioné, porque pensé: "¡Esto está muy bien! Mi relación con Dios va a mejorar muchísimo si ya no tengo todas las preocupaciones del ministerio. Sería maravilloso ser *un cristiano común y corriente,* enamorado de Jesús, y no tener la responsabilidad del ministerio". Aunque yo sabía que eso no era lo que el Señor quería que yo hiciera, yo tendría gozo si dejara este ministerio. Debemos encontrar nuestra identidad en el Señor y estar seguros en Él.

SALTE DE LA BARCA

Al pasar los años en el proceso de poner mi fe en Dios para la manifestación de varias cosas, me he dado cuenta que aunque no se realizaran, aun así Dios se sentiría satisfecho conmigo porque por lo menos hice un intento. Yo creo que Él podría verme y decir: "Andrew, fallaste, pero estoy orgulloso de ti porque por lo menos lo intentaste". Después Él podría mostrarme en qué fallé. Yo creo que así es como Dios ve las cosas. ¡Si Dios no me hubiera ayudado con un milagro, yo no hubiera podido juntar $65 millones de dólares aunque tuviera tres vidas! Por lo menos permanecí firme y tuve fe en Dios.

Muchos de ustedes están limitando a Dios porque no están haciendo lo que Dios puso en sus corazones, porque representa un riesgo. Tienes miedo de salirte de la barca. ¿Tienes miedo de hacer algo fuera de lo normal? ¿Tienes miedo de dejar tu trabajo y cambiarte, dejar a tu familia y amigos, para poder asistir a la escuela bíblica o para hacer aquello que Dios te pidió?

Cuando me inicié en el ministerio, acostumbraba visitar asilos de ancianos y prisiones porque en esos lugares dejan que cualquiera predique. Eso fue muy bueno para mí. Recuerdo a una dama en particular en el asilo porque era muy educada. Podías ver que ella fue de clase acomodada cuando era joven. Siempre se veía bien — muy peinada y usaba ropa cara. Cuando fui a visitarla, ella se pasó todo el tiempo llorando y hablando de que había sido una persona importante y que la gente solía visitarla y buscarla. Todavía tenía amigos, pero a veces pasaban meses antes de que la visitaran. Ahí estaba esperando la muerte. Recuerdo que me le quedé viendo y pensé: "Dios, yo no quiero que mi vida sea así".

EL TEMOR AL RIESGO

Todos vamos a envejecer. Cuando llegues a la vejez, ¿te vas a sentar para esperar la muerte? ¿Tu vida está tan centrada en tu trabajo que cuando te jubiles sentirás que la vida se terminó para ti? Yo no quiero eso, y creo que tú tampoco. Pero ése es el destino de muchas personas porque tienen miedo de salirse de la barca. Tienen miedo de buscar la realización de lo que Dios les pidió. Están buscando una salida fácil. De hecho ha habido gente que me ha abordado y me han dicho que Dios les dijo que asistieran a nuestra escuela bíblica. Pero que les faltaban cinco años para poder jubilarse, por lo tanto no podían hacerlo en ese momento porque perderían una porción de su pensión. Yo les digo que Dios puede darles mucho más que una pensión. Cuando Dios los llamó para que salieran, Él sabía que todavía les faltaban cinco años para poder jubilarse con una pensión. Sin embargo, ¡a pesar de eso Él los llamó!

Esas personas limitan a Dios por el miedo. Están contando con su pago del Seguro Social, en vez de confiar en Dios. Si solamente tienes fe en Dios para recibir la pensión del Seguro Social, yo creo que Él no te necesita. Yo renuncié al Seguro Social cuando tenía 20 años de edad, y no tenía ni un centavo de ingreso. Pero ¿sabes qué? Dios ha cuidado de mí. Todo lo que tengo está pagado. No debemos limitarnos a una jubilación. ¡Dios es más grande que eso! Tú debes salirte de la barca y debes confiar en Dios. Es emocionante estar fuera y decir: "Dios, si no vienes al rescate, ¡me voy a caer de panzazo!"

ES EMOCIONANTE SERVIR A DIOS

En realidad he llegado al punto en mi vida en que cuando todo está saliendo bien y no tengo dificultades —o cuando

Dios no me está pidiendo que haga algo que me sobrepasa— es aburrido. Soy una persona muy sencilla según la gente, nunca hago nada emocionante o divertido, pero todos tenemos una válvula de escape. Mi válvula de escape es manejar motos 4x4 por los senderos en las montañas cerca de un arrecife de 1000 pies de altura. ¡Para mí eso es súper divertido!

Una vez, manejé mi camioneta a través de un cañón que se llama *The Devil's Punchbowl*. Tenía unos 100 o 200 pies de profundidad. Tuve que voltear a la derecha y solamente había dos vigas de hierro que atravesaban el cañón. No había andamios ni nada como eso. ¡Fue muy emocionante! Jamie gritó un poco y desde entonces se ha negado a permitirme volver a pasar por ese cañón. Pero para mí, ¡eso fue muy emocionante!

Si tu vida no tiene algo de emoción, sería mejor que dijeras: "Dios, iré a cualquier lugar o haré lo que sea". Después actúa con base en eso, y te aseguro que Dios llenará tu vida de emoción. Quizá tú piensas: "Pero podría fracasar". Sí, existe la posibilidad. Proverbios 24:16 dice que el justo vuelve a levantarse siete veces. No debes tener miedo de correr un riesgo y fallar. ¡Quítale los límites a Dios, y lánzate con fe para hacer lo que Dios te pidió!

> *Porque los ojos de Jehová contemplan toda la tierra, para mostrar su poder a favor de los que tienen corazón perfecto para con él.*
> 2 CRÓNICAS 16:9 RV 1960

Ser perfecto no significa que no tienes pecado. Aquí Dios se refiere a las personas que están comprometidas con Él y que dicen: "Dios, haré cualquier cosa. Diré cualquier cosa. Iré a cualquier lugar. Solamente dime lo que debo hacer y yo te seguiré poniendo mi mejor esfuerzo". Dios está buscando por toda la tierra gente así. ¿Estás dispuesto a arriesgarlo todo para seguirlo a Él? Tu respuesta debería ser, "Dios, ya no busques más. Aquí estoy".

COMPROMETIDO TOTALMENTE

Dwight L. Moody fue a un servicio religioso en Chicago y escuchó a un predicador hacer esta declaración: "El mundo nunca ha visto lo que Dios puede hacer por medio de una persona que está totalmente comprometida con Él". Dwight se puso de pie y dijo: "Yo seré ese hombre", aunque solamente había llegado al tercer grado de educación y a duras penas podía leer. Cuando él predicaba, leía un pasaje de las Escrituras hasta que se topaba con una palabra que no conocía, entonces se detenía y predicaba sobre eso. Después continuaba saltándose esa palabra, de esa manera la gente no sabía que él no podía leer.

Dwight L. Moody fue rechazado por tres iglesias. Trató de afiliarse a alguna, pero no lo consideraban tan buen cristiano como para que fuera miembro de sus iglesias. Le negaron la afiliación; sin embargo, él predicó a multitudes de 150,000 asistentes antes de que hubiera micrófonos. Él predicó ante reyes e influenció a todos los continentes sobre la faz de la tierra y fue el Billy Graham de su época. Él vio milagros y milagros, ¡y sucedieron cosas extraordinarias durante su ministerio!

Quizá tú tienes sueños en tu corazón y si no hubiera restricciones, harías algo diferente. Sin embargo el temor está haciendo que te limites y que límites lo que Dios puede hacer, porque tienes temor de que quizá no prosperes tanto como estás prosperando ahora. Tienes temor de que la gente te critique o que suceda algo malo.

Antes de que yo muera, creo que voy a realizar todo lo que Dios puso en mi interior. Verdaderamente puedo decir que en este momento estoy en el proceso de realizar todo lo que Dios ha puesto en mi corazón y yo sé que conforme continúe madurando, Él me dará más cosas para hacer. No he llegado a la meta, pero ya arranqué. Me estoy moviendo en esa dirección.

TÚ TIENES POTENCIAL

Hay un conferencista cristiano que da pláticas para motivar a la gente, y que es famoso porque dice que si quieres ir al lugar donde hay más potencial, debes ir a un cementerio. La gran mayoría de la gente se lleva su potencial a la tumba. Mueren sin desarrollar todo su potencial. Cientos de personas tienen sueños y metas que pospusieron. Permitieron que la vida los limitara, y por lo tanto ellos mismos limitaron a Dios.

¿Cómo puede vivir la gente así? Ya han pasado unos 45 años desde que dejé de hacer las cosas por mi cuenta. Durante ese tiempo, he estado siguiendo el liderazgo de Dios lo mejor que puedo. No lo he hecho a la perfección, pero me he propuesto buscar a Dios. ¡Y ha sido maravilloso!

Verdaderamente no puedo entender a las personas que están viviendo sus vidas permitiendo que las circunstancias los dominen. Obtienen un empleo porque tienen que ganarse la vida. No tienen un propósito. No saben para qué los puso Dios aquí. No están haciendo aquello para lo que Dios los capacitó.

EL TEMOR AL RIESGO

No están desarrollando todo su potencial. Ésa no es una vida buena. No es vivir. Solamente están sobreviviendo.

Dios quiere que seamos prácticos. Debemos cuidar de nosotros y de nuestras familias, pero en ese proceso, debemos empezar a soñar y a tener fe en Dios para la realización de los sueños que hay en nuestros corazones. Debemos empezar a decir: "Padre, muéstrame cómo puedo hacer que mi vida valga la pena".

Cuando yo muera, quiero que la gente me extrañe y que digan: "Las cosas eran mejor porque Andrew estaba aquí", en vez de que digan: "Gloria a Dios, ¡ya se fue!" Nuestras vidas deberían estar influenciando a otros y produciendo un cambio. Sin embargo, la mayoría de nosotros solamente estamos viviendo una vida normal, por debajo del estándar, porque tenemos temor de correr riesgos.

EL TEMOR AL CAMBIO

Otro temor que inhibe a la gente es el temor al cambio. A la mayoría de nosotros nos da miedo hacer algo diferente. La resistencia al cambio es fuerte en nuestra cultura. No estamos tan arraigados en la tradición como otras culturas, pero aun así es una tendencia fuerte en América. Una prueba que podemos hacer es pastorear una Iglesia, o preguntarle a alguien que sea pastor, y te aseguro que nos dirán que es casi imposible hacer que la gente cambie.

Una de las razones por la que la gente se resiste al cambio es que es floja. Requiere esfuerzo cambiar. Yo tengo un libro titulado *El Cambio Sin Esfuerzo*. En este libro, hablo de cómo podemos cambiar sin esfuerzo, pero inclusive eso requiere cierto "esfuerzo". El esfuerzo es adentrarse en la Palabra de Dios y renovar nuestras mentes. Entonces como pensamos, así seremos (Proverbios 23:7).

La mayoría de nosotros queremos sentarnos en nuestros sillones, viendo algo en la televisión, dejando que nos hipnotice. Cuando decimos que alguien está hipnotizado por algo, significa que se ha entregado a eso y que está bajo su control. Así somos con la televisión. La prendemos y nos sentamos ahí, olvidándonos de todo lo demás. Caemos bajo el control de la televisión.

¿Sabías que puedes llegar a sentirte tan cómodo que llegues al punto en el que dejas de esforzarte para madurar? Podemos ver eso en muchas personas de la tercera edad que ya crecieron a sus hijos, o que trabajaron todas sus vidas, y ahora están listos para jubilarse. Quieren disfrutar a sus nietos, viajar, y pasársela bien. No tiene nada de malo que la gente disfrute el fruto de su labor, pero te garantizo que en cuanto se jubilan y dejan de hacer cosas, su salud empezará a deteriorarse.

Dios no nos creó para vivir la vida fácil. Seremos más longevos, estaremos más felices y seremos más productivos, y todo funcionará mejor en nuestras vidas mientras tengamos un propósito. La gente más productiva que asiste a nuestra escuela bíblica son los jubilados. Vienen a aprender la Palabra de Dios. Ya no tienen las mismas presiones y responsabilidades que tenían en el pasado. Tenemos jubilados de todo el mundo que salen y arriesgan sus vidas, visitando países tercermundistas y exponiéndose a enfermedades y dolencias —¡y les encanta!

EL TEMOR AL RIESGO

¡NO RENUNCIES!

Jamie y yo hemos estado en el ministerio por más de 45 años. Hemos pasado muchos tiempos difíciles. En una ocasión, yo estaba sentado con un grupo de predicadores y estábamos hablando de algunas de las cosas que hemos pasado. Les conté acerca de los problemas de dinero por los que Jamie y yo hemos pasado. Como la vez que no tuvimos nada para comer durante dos semanas cuando Jamie tenía 8 meses de embarazo. Se me quedaron viendo y dijeron: "Dios mío, lo que le hiciste a Jamie es peor que cualquier cosa que le hayamos hecho a nuestras esposas". Sin embargo esos hombres habían cometido adulterio, habían mentido, robado, y hasta habían ido la cárcel. Habían hecho cosas terribles, ¡pero pensaban que lo que Jamie había vivido fue mucho peor!

Yo he pasado muchas dificultades en mi vida. Creo que Jamie es la única mujer en el planeta que no me dejó a pesar de lo que vivimos. El comentarista de la radio Paul Harvey hasta mencionó en su programa que una de nuestras dificultades particulares ha sido una de las peores experiencias que él ha escuchado en toda su vida.

El Señor me habló en un sueño el 26 de julio de 1999. Me dijo que yo estaba iniciando mi ministerio. ¡Esto sucedió después de que yo ya había estado en el ministerio 31 años! Si algo hubiera sucedido y yo hubiera muerto, me habría perdido del llamamiento de Dios. Eso fue tanto alentador como desalentador al mismo tiempo. Fue desalentador porque ya me había pasado 31 años en el ministerio capacitándome para el ministerio al que Dios me había llamado. Asimismo, fue alentador porque ya habíamos visto grandes acontecimientos durante esos 31 años. ¡Por lo tanto si acababa de iniciarme en el ministerio eso significaba que todo iba a ser mucho mejor!

Cuando iniciamos nuestros programas en la televisión el 3 de enero del 2000, llegamos a un punto en el que las cosas estaban funcionando casi sin esfuerzo. Antes de ese tiempo estábamos al borde del desastre. Parecía que nuestro ministerio podía fracasar en cualquier momento. Después, de repente, las cosas empezaron a funcionar. Había una unción que no estaba presente con anterioridad. La gente empezó a aceptar nuestro mensaje y nuestro ministerio.

En los dos años siguientes, nuestro ministerio creció lo doble. ¡Fue maravilloso! ¡Finalmente había luz al final del túnel, y no era otro tren! Íbamos a salir adelante. Íbamos a sobrevivir. Empezamos a ver las vidas de las gentes transformadas. La lección es que aunque tuvimos problemas durante todos esos años, no flaqueamos ni renunciamos. Hubiéramos limitado a Dios en nuestras vidas si hubiéramos renunciado.

No debemos *apolillarnos*; debemos *desapolillarnos*. Debemos desgastarnos sirviendo a Dios. Podremos descansar por toda la eternidad. La gente se resiste al cambio porque ya hicieron sus "nidos". Limitan a Dios porque su situación es agradable. Son flojos. Están cómodos. No es bueno llegar a ese punto. Yo me he negado a permitirme llegar al punto en el que la inercia me lleve. En este momento en nuestro ministerio, estamos poniendo nuestra fe en Dios para cosas mayores, como nunca antes. ¡Nunca voy a dejar de soñar! Hasta que me vaya con el Señor, voy a estar trabajando en algo. Estoy muy agradecido porque tengo un propósito que me va a mantener activo hasta mi último aliento. Nunca habrá un fin a lo que estoy haciendo. ¡Me voy a ir de esta tierra predicando!

EL TEMOR AL RIESGO

LA SATISFACCIÓN Y EL CONTENTO

Dios nos llamará a hacer algo que está más allá de nuestra capacidad. Él me llamó a predicar, y yo era un introvertido y no podía ni ver a la gente a los ojos cuando hablaba. Ahora les hablo a millones de personas. Dios nos pide que hagamos cosas que no podemos hacer. Eso hace que dependamos de Él. Si solamente vamos a hacer lo que podemos hacer, hemos pasado por alto a Dios. Dios nos está llamando a hacer algo especial. Y eso implicará algún riesgo.

El perfecto amor de Dios echará fuera el temor. Si verdaderamente conocieras los planes que Dios tiene para ti y lo que Él quiere que hagas con tu vida, te darás cuenta de que hay mucho más de lo que estás haciendo ahora. Tu vida hará que te sientas más realizado y te brindará más satisfacción. Hay una satisfacción y un contento que vienen cuando sabes que estás haciendo lo que Dios te pidió. Pero nunca experimentarás esa satisfacción mientras estés haciendo tus propias cosas o estés tomando las oportunidades que se te presenten.

Debes deshacerte del temor al fracaso y debes reconocer que si no te estás desarrollando personalmente ni estás buscando el designio que Dios tiene para tu vida con toda tu fuerza, estás fallando.

Por consiguiente, hermanos, os ruego por las misericordias de Dios que presentéis vuestros cuerpos como sacrificio vivo y santo, aceptable a Dios, que es vuestro culto racional. Y no os adaptéis a este mundo, sino transformaos mediante la renovación de vuestra mente, para

> *que verifiquéis cuál es la voluntad de Dios: lo*
> *que es bueno, aceptable y perfecto.*
>
> ROMANOS 12:1-2

Esto no es solamente para los predicadores o ministros de tiempo completo. Esto es para el cristiano común... para cada uno de nosotros. Es nuestro deber cristiano normal. Jesucristo murió por nosotros, por lo tanto deberíamos vivir para Él. Deberíamos comprometernos sin reservas. Si el Señor te pidiera que hagas algo, debes decir: "Dios mío, iré adonde sea, haré lo que sea... cualquier cosa que me pidas, eso haré".

Si todavía no has llegado a ese punto, estás limitando a Dios porque tienes temor de lo que Él pudiera pedirte, o de lo que pudiera costarte. Dios es la persona más dadivosa que ha existido. Dios nunca permitirá que le des más de lo que Él te da. Cuando Dios ve que renuncias a algo y que te arriesgas para seguirlo, Él siempre te bendecirá más de lo que tú pudieras bendecirlo a Él. ¡Quítale los límites a Dios y ve la manera como te colman Sus bendiciones!

CAPÍTULO 4

EL TEMOR AL HOMBRE

Cuando Dios me habló en el año 2002 y me dijo que lo estaba limitando, me di cuenta de que lo estaba haciendo a causa del temor. Hay muchas clases de miedos que pueden estorbarnos y que limitan a Dios. El temor activa a Satanás y suelta su poder así como la fe activa a Dios y suelta su poder. El miedo paraliza a la gente. No es algo bueno. Sin embargo, muchas personas están viviendo sus vidas con temor.

Un temor que limita lo que Dios puede hacer en nuestras vidas es el temor al hombre, también conocido como persecución. Una de las razones por las que yo estaba limitando a Dios en mi vida era porque tenía temor al hombre; le tenía miedo a la persecución.

Si cada vez que tú te agachas para acariciar a un perro, te mordiera, después de un tiempo probablemente dejarías de acariciarlo. Nadie quiere recibir una mordida. A nadie le gusta sufrir persecución. Si a ti te gusta que la gente te odie, que estén enojados contigo, y que hablen mal de ti, algo está mal contigo. Dios nos creó para tener relaciones y para la convivencia.

El odio, los pleitos, y la persecución no son algo normal. Si alguien va por la vida presumiendo de que irrita a la gente, algo está mal con esa persona. No es normal ni natural que nos guste que la gente nos odie y que nos critiquen. A mí no me gusta que la gente se enoje conmigo, pero he llegado al punto en que puedo superarlo y que no me estorba para que yo haga lo que Dios me pidió. Puedo echar mi ansiedad sobre el Señor (1 Pedro 5:7).

VOLAR FUERA DEL ALCANCE DEL RADAR

Cuando el Señor me dijo que lo estaba limitando, estábamos cubriendo aproximadamente un 5% del mercado de los Estados Unidos con nuestro programa de televisión. Estábamos alcanzando a la gente y estaban sucediendo cosas buenas, pero éramos como un blanco fantasma para el radar. Nadie se fijaba en mí porque no era nada especial. A mí me gustaba el anonimato y que no me criticaran.

Yo sabía que si realizaba lo que Dios me había pedido y me convertía en un personaje importante en el cuerpo de Cristo —alguien que verdaderamente influenciara al cuerpo de Cristo— se presentaría la persecución. Yo no deseaba eso, por lo tanto andaba chapoteando en vez de nadar. Me contentaba con flotar por ahí, en vez de esforzarme por hacer lo que Dios me había pedido.

Cuando empiezas a hacer lo que Dios te pidió, será como si tuvieras un diana grande en la espalda. Cuando aumenta la influencia aumenta la crítica. Cuando alguien recibe un ascenso a un puesto de liderazgo, lo van a criticar hasta hacerlo picadillo. La gente va a ver a esa persona con un lente de aumento y van a analizar y a criticar todo lo que él o ella hagan. Por eso es que la mayoría de la gente prefiere quedarse en el anonimato. No quieren enfrentar la crítica ni la persecución que se presentan cuando se embarcan con lo que Dios les pidió. Pero ése es el temor a la persecución y limitará lo que Dios puede hacer en sus vidas.

EL TEMOR AL HOMBRE ES UN LAZO

Yo siempre les digo a nuestros estudiantes de la escuela bíblica que si llegan a la escuela bíblica buscando fallas, las encontrarán. Somos seres humanos; y no somos perfectos. Si alguien busca fallas, van a encontrar algo para criticar. Para la mayoría de la gente es fácil lucirse cuando atacan y critican a otros. Es la naturaleza humana.

> *El temor al hombre es un lazo, pero el que confía en el Señor estará seguro.*
> PROVERBIOS 29:25

La gran mayoría de los cristianos son inseguros porque les da pánico que alguien los critique. Por ejemplo, muchos ministros no dicen la verdad acerca de lo que dice la Palabra de Dios porque no es políticamente correcto. Si somos tan inseguros que no podemos ni manejar la crítica de alguien, nunca veremos la plenitud de Dios en nuestras vidas. Limitaremos el plan de Dios para nosotros.

Inclusive para los que no son predicadores, hay otras maneras sutiles como se puede limitar a Dios. Por ejemplo, si nuestros compañeros de trabajo están hablando de algo que es totalmente contrario a todo lo que creemos, la mayoría de nosotros probablemente no defenderíamos la verdad porque le tenemos miedo a la crítica y a la persecución. Aunque no nos atacaran físicamente, podrían darnos una mirada de desaprobación. Nos excluirían de su círculo de amistades íntimas. Quizá hasta nos eludieran o hicieran cosas sutiles como esa. Sin embargo la mayoría de los cristianos no defenderían la verdad porque es políticamente incorrecto. Esto es el temor al hombre, y limitará a Dios.

DEFIENDE LA VERDAD

Entonces Elías tisbita, que era de los moradores de Galaad, dijo a Acab: Vive el Señor, Dios de Israel, delante de quien estoy, que ciertamente no habrá rocío ni lluvia en estos años, sino por la palabra de mi boca.

1 REYES 17:1

Elías se presentó ante el rey que estaba matando a todos los profetas de Dios. Él caminó justo hasta donde el rey estaba y dijo: "Así dice el Señor". Elías se identificó a sí mismo con Dios, a sabiendas de que por ser uno de los ministros de Dios, corría el riesgo de que lo mataran. Sin embargo Elías caminó valerosamente enfrente de la toda la gente y dijo: "Así dice el Señor, 'No lloverá hasta que yo lo diga'". Como Elías tuvo suficiente valor para decir la verdad, en el lapso de tres años, él se convirtió en el personaje principal de toda la nación. El rey estaba recibiendo órdenes de Elías porque él defendió y declaró la verdad.

No odiarás a tu compatriota en tu corazón; podrás ciertamente reprender a tu prójimo, pero no incurrirás en pecado a causa de él.

LEVÍTICO 19:17

La mayoría de la gente no abogará por la Palabra para defender la moralidad cuando la gente habla de vivir en unión libre y de vivir como perros y gatos callejeros. Debemos defender la verdad y decir: "¿Sabías que eso es perjudicial? Debes hacer un compromiso. ¿Por qué querrías vivir con alguien que ni siquiera tiene un compromiso contigo?" Una de las razones principales por la que la gente vive en unión libre en vez de comprometerse por medio del matrimonio es que a la primera de cambio que algo salga mal, pueden separarse sin complicaciones.

Vamos a limitar lo que Dios puede hacer por medio de nosotros si conocemos la verdad pero no la defendemos porque tenemos temor del qué dirán. No hay pretextos para esto en América. En algunos países extranjeros, muchos hasta han sacrificado sus vidas para defender la verdad. ¡Eso sí es persecución! Pero en nuestro país, nos sentimos perseguidos si la gente nos ve con desdén. Somos adictos a la aceptación de la gente. Los otros determinan nuestra autoestima y aceptación, por lo tanto dependemos de la gente. Necesitamos la aprobación de nuestro cónyuge, nuestros compañeros de trabajo, nuestros hijos, nuestros suegros, y hasta de los que ni buenos ciudadanos son. No estoy diciendo que debemos disfrutar el rechazo de los demás, sino que debemos llegar al punto en el que si Dios nos ama — y Él sí lo hace — entonces eso debería ser razón más que suficiente para nosotros. Cuando tenemos temor del hombre y permitimos que la crítica y el rechazo nos impidan hacer lo que Dios nos pidió, lo limitamos a Él.

DIOS ES MÁS QUE SUFICIENTE

Tengo un amigo escandinavo que ministró en África e inauguró algunas iglesias ahí. Él verdaderamente estaba batallando, y parecía que nada estaba funcionando para él. Un día él estaba en la jungla lamentándose y quejándose de que nadie lo amaba y de que la gente no lo había aceptado. De repente, el Señor le habló en voz tan alta que hasta el suelo tembló. Él hasta pudo ver que los árboles se mecían cuando Dios le preguntó: "Walter, ¿no soy más que suficiente?"

Como era de esperarse, Walter se arrepintió y dijo: "Dios, Tú sí eres más que suficiente". Cuando él se dio cuenta de que había limitando a Dios por el temor al hombre, ¡él dejó de quejarse y en cambio inauguró más de 500 iglesias en África! Todos debemos dejar de limitar a Dios en nuestras vidas y debemos llegar al punto en que Dios es más que suficiente. Es increíble ver cómo aumentan nuestras inseguridades cuando no tenemos una relación dinámica con Dios. Necesitamos la aprobación de todo el mundo. Las únicas personas que pueden decepcionarnos son aquellas en las que nos apoyamos. Si nos apoyamos solamente en Jesús y en nadie más, nadie podrá decepcionarnos.

Si el Señor nos dijera que nos cambiemos a África o a algún otro lugar y nos detuviéramos a considerar lo que nuestra familia o los demás piensan, tenemos temor al hombre. No estoy diciendo que no debemos pensar sobre estas cosas o que expresemos lo que Dios nos ha dicho sin tacto, pero el hecho de que nosotros discutamos si vamos a hacer lo que Dios nos pidió o no por la posibilidad de que no le guste a alguien, eso es el temor al hombre.

Como ministro, he tenido que tratar mucho con esto. No me gusta cuando la gente me odia o me escupen a la cara —a nadie le gusta. Algo que verdaderamente me ayudó fue cuando el Señor me pidió que yo le dijera a una persona algo, pero que yo sabía que esa persona no quería escucharlo. Yo sabía que no le iba a gustar, por lo tanto estaba dudando si debía decírselo o no. Finalmente, el Señor me habló y me dijo que yo no tenía el derecho de rechazar la verdad a nombre de esta persona. Él me dijo que debemos darle a la gente el derecho de rechazar Su Palabra personalmente. Eso cambió mi manera de pensar, conforme me di cuenta de que cuando no le decimos a la gente la verdad —porque tenemos miedo de su reacción— nosotros estamos rechazando la verdad por ellos.

SIN RESTRICCIONES

Mucha gente tiene temor de que alguien pudiera criticarlos o rechazarlos y por eso se paralizan y no pueden hacer lo que Dios les pidió. En una ocasión en una de mis reuniones, había cientos de personas que levantaron la mano cuando les pregunté si ellos ingresarían a la escuela bíblica si no tuvieran limitaciones. Algunas limitaciones comunes que la gente tiene son pensamientos como éstos: "¿Qué pensará mi familia? ¿Qué pensará esta persona? La gente va a pensar que me volví loco". Todo eso es el temor al hombre, y limita a Dios.

> *El temor al hombre es un lazo, pero el que confía en el SEÑOR estará seguro.*
> PROVERBIOS 29:25

Hay personas que han asistido a nuestra escuela bíblica, y sin embargo, no permitieron que esas limitaciones los detuvieran. Había una mujer de Utah a la que su esposo le dijo que se divorciaría de ella si se subía a un avión para ir a nuestra escuela bíblica. Su matrimonio ya tenía problemas, así que ella vino de todas maneras y él se divorció de ella. Por situaciones parecidas, la gente se paraliza y no acatan lo que Dios les dice.

Debemos llegar a un punto en el que, cuando Dios hable, nadie podrá impedir que hagamos lo que Él nos pide. El temor al hombre traerá esclavitud a nuestras vidas, ¡por lo tanto debemos superarlo! No podemos respetar ni honrar la opinión de los demás tanto como honramos la opinión de Dios. El temor del hombre le pondrá límite a Dios en nuestras vidas.

LOS ISRAELITAS LIMITARON A DIOS

Y subieron por el Neguev, y llegaron hasta Hebrón, donde estaban Ahimán, Sesai y Talmai, los descendientes de Anac. (Hebrón fue edificada siete años antes que Zoán en Egipto.) Y llegaron hasta el valle de Escol y de allí cortaron un sarmiento con un solo racimo de uvas; y lo llevaban en un palo entre dos hombres, con algunas de las granadas y de los higos. A aquel lugar se le llamó el valle de Escol por razón del racimo que los hijos de Israel cortaron allí. Y volvieron de reconocer la tierra al cabo de cuarenta días, y fueron y se presentaron a Moisés y a Aarón, y a toda la congregación de los hijos de Israel en el desierto de Parán, en Cades; y les dieron un informe a ellos y a toda la congregación, y les enseñaron el fruto de la tierra. Y le contaron a Moisés, y le dijeron: Fuimos a la tierra adonde nos enviaste; ciertamente mana leche y miel, y este es el fruto de ella. Sólo que es fuerte el pueblo que habita en la tierra, y las ciudades, fortificadas y muy grandes; y además vimos allí a los descendientes de Anac. Amalec habita en la tierra del Neguev, y los hititas, los jebuseos y los amorreos habitan en la región montañosa, y los cananeos habitan junto al mar y a la ribera del Jordán. Entonces Caleb calmó al pueblo delante de Moisés, y dijo: Debemos ciertamente subir y tomar posesión de ella, porque sin duda la conquistaremos. Pero los hombres que habían subido con él dijeron: No podemos subir contra ese pueblo, porque es más fuerte que nosotros. Y dieron un mal informe a los hijos de Israel de la tierra que habían reconocido, diciendo: La tierra por la que hemos ido para reconocerla es una tierra que devora a sus habitantes, y toda la gente que vimos en ella son hombres de gran estatura. Vimos allí también a los gigantes (los hijos de Anac son parte de la raza de los gigantes); y a nosotros nos pareció que éramos como langostas; y así parecíamos ante sus ojos.

NÚMEROS 13:22-33

Dios quería que los israelitas entraran a la Tierra Prometida —una tierra en la que fluía leche y miel. ¡Era muy fértil! Allí, un racimo de uvas era tan grande que tenían que ponerlo en un palo y cargarlo entre dos hombres. ¿Podrías imaginarte un racimo de uvas tan grande? No eran como las uvas que tenemos hoy. ¡Ésas uvas eran inmensas! ¡Tan bendecida era esa tierra!

Pero los israelitas se fijaron en lo malo. Se fijaron en la estatura de los habitantes en vez de fijarse en la tierra que Dios les había dado para poseer. Vieron a la gente como gigantes y se vieron a sí mismos como langostas. Pero, no importa cómo nos ven los demás; lo que importa es cómo nos ve Dios. ¡Y debemos vernos a nosotros mismos como Dios nos ve!

EL DESIGNIO DE DIOS SE RETRASA

40 años después, Josué envió a otros espías a Jericó. Rahab, la ramera, recibió a los espías y los escondió del rey. Después ella les pidió a los espías que tuvieran misericordia de ella y de su familia cuando los israelitas entraran para conquistar Jericó.

Y dijo a los hombres: Sé que el Señor os ha dado la tierra, y que el terror vuestro ha caído sobre nosotros, y que todos los habitantes de la tierra se han acobardado ante vosotros. Porque hemos oído cómo el Señor secó el agua del mar Rojo delante de vosotros cuando salisteis de Egipto, y de lo que hicisteis a los dos reyes de los amorreos que estaban al otro lado del Jordán, a Sehón y a Og, a quienes destruisteis por completo. Y cuando lo oímos, se acobardó nuestro corazón, no quedando ya valor en hombre alguno por causa de vosotros; porque el Señor vuestro Dios, Él es Dios arriba en los cielos y abajo en la tierra. Ahora pues, juradme por el Señor, ya que os he tratado con bondad, que vosotros trataréis con bondad a la casa de mi padre, y dadme una promesa segura que dejaréis vivir a mi padre y a mi madre, a mis hermanos y a mis hermanas, con todos los suyos, y que libraréis nuestras vidas

EL TEMOR AL HOMBRE

de la muerte. Y los hombres le dijeron: Nuestra vida responderá por la vuestra, si no reveláis nuestro propósito; y sucederá que cuando el SEÑOR nos dé la tierra, te trataremos con bondad y lealtad. Entonces ella los hizo descender con una cuerda por la ventana, porque su casa estaba en la muralla de la ciudad, y ella vivía en la muralla. Y les dijo: Id a la región montañosa, no sea que los perseguidores os encuentren, y escondeos allí por tres días hasta que los perseguidores regresen. Entonces podéis seguir vuestro camino. Y los hombres le dijeron: Nosotros quedaremos libres de este juramento que nos has hecho jurarte, a menos que, cuando entremos en la tierra, ates este cordón de hilo escarlata a la ventana por la cual nos dejas bajar, y reúnas contigo en la casa a tu padre y a tu madre, a tus hermanos y a toda la casa de tu padre. Y sucederá que cualquiera que salga de las puertas de tu casa a la calle, su sangre caerá sobre su propia cabeza, y quedaremos libres. Pero la sangre de cualquiera que esté en la casa contigo caerá sobre nuestra cabeza si alguien pone su mano sobre él. Pero si divulgas nuestro propósito, quedaremos libres del juramento que nos has hecho jurar. Y ella respondió: Conforme a vuestras palabras, así sea. Y los envió, y se fueron; y ella ató el cordón escarlata a la ventana. Y ellos se fueron y llegaron a la región montañosa, y permanecieron allí por tres días, hasta que los perseguidores regresaron. Y los perseguidores los habían buscado por todo el camino, pero no los habían encontrado. Entonces los dos hombres regresaron y bajaron de la

> *región montañosa, y pasaron y vinieron a Josué,*
> *hijo de Nun, y le contaron todo lo que les había*
> *acontecido. Y dijeron a Josué: Ciertamente, el*
> Señor *ha entregado toda la tierra en nuestras*
> *manos, y además, todos los habitantes de la tierra*
> *se han acobardado ante nosotros.*
>
> JOSUÉ 2:9-24

Cierto, ¡eran hombres poderosos de gran estatura! Cierto, ¡eran gigantes! Pero esto nos muestra lo que ellos estaban pensando. Durante 40 años ellos habían tenido temor de los israelitas. Sus corazones se habían acobardado, y la fuerza los había dejado. Si los israelitas hubieran analizado la situación correctamente, se habrían dado cuenta de que era una tarea muy fácil entrar en la Tierra Prometida. Dios les hubiera dado una victoria total. Pero en cambio, vieron la estatura de la gente y los vieron como gigantes. Como pusieron la atención en lo natural en vez de obedecer a Dios, ellos difirieron la realización del plan de Dios por 40 años. ¡Ellos limitaron a Dios!

FILISTEO INCIRCUNCISO

Comparemos esto con 1 Samuel 17, donde David enfrentó a Goliat. Mientras el resto de los hombres valientes estaban escondiéndose detrás de las rocas porque le tenían miedo al gigante, David vio a Goliat y dijo: "¿Quién es este filisteo incircunciso?" (1 Samuel 17:26). David estaba hablando del pacto de la circuncisión. Goliat no era un israelita; él no tenía un pacto con Dios.

Sería como si nosotros dijéramos: "¿quién es esta persona — ni siquiera tiene un pacto con Dios y no es de la gente de Dios— para que desafíe a los que sí lo son?". Ésa es la misma actitud que deberíamos tener cuando los incrédulos nos critican, sean familiares, amigos, compañeros de trabajo, o personas con puestos de autoridad. Si esas personas no conocen a Dios, entonces nuestra opinión de Dios es mejor que su opinión de Dios. Después de todo, ¡su opinión los está mandando al infierno!

Si somos vueltos a nacer y tenemos el bautismo en el Espíritu Santo, hoy por hoy somos la excepción. Cuando recibimos el bautismo en el Espíritu Santo, tenemos una revelación de Dios y una libertad para abordarlo que el cristiano común no tiene. Si somos vueltos a nacer y estamos llenos del Espíritu, formamos un grupo selecto. ¿Qué razón tendríamos para exaltar la opinión de los demás y para otorgarle esa clase de autoridad a alguien que ni siquiera tiene una relación con Dios?

LOS PIADOSOS SERÁN PERSEGUIDOS

Nadie puede intimidarnos sin nuestro consentimiento o nuestra cooperación. Nadie puede influenciarnos a menos que lo permitamos. Si estamos preocupados por lo que alguien pudiera decir de nosotros, es porque tenemos temor al hombre —en vez de tener temor de Dios. O quizá, nuestro temor al hombre es más grande que nuestro temor de Dios. Cuando permitimos que el temor al hombre determine lo que hacemos, en realidad es un indicio de alguna deficiencia en nosotros— y no en los demás. La gente que nos critica no es el problema; el problema somos nosotros.

Si le aventamos una piedra a una manada de perros, el perro que más aúlla es el que recibió el golpe. De la misma manera, cuando defendemos al Señor, la persona que nos critica más es la que siente más remordimiento. La gente trata de lidiar con su remordimiento cuando nos atacan y nos desacreditan porque si logran desmoralizarnos, entonces podrán decir: "¿Ven?, yo tenía la razón".

En la corte, si un testigo tiene un testimonio perjudicial, el abogado atacará su reputación. Si el abogado puede probar que el testigo no tiene una buena reputación, entonces descartarán su testimonio. ¡Ése es el punto principal con la persecución!

Porque todo el que hace lo malo odia la luz,
y no viene a la luz para que sus acciones no
sean expuestas.
JUAN 3:20

Si abogamos por la moralidad en situaciones sociales, la gente inmoral nos criticará. Nuestra moral los condenará. Eso no significa que los estamos juzgando. Toda la gente, en su corazón, sabe cuando está mal. No les gustan los sentimientos de culpa y de condenación, por lo tanto cuando abogamos por los valores que ellos mismos rechazan, nos atacarán con la intención de lucirse. Quieren opacar la luz de los demás para que esa luz no exponga su pecado. Por eso viene la crítica. Si entendemos esto, nos daremos cuenta de que padecer persecución en realidad es un halago.

Y en verdad, todos los que quieren vivir
piadosamente en Cristo Jesús, serán perseguidos.
2 TIMOTEO 3:12

Si no estamos sufriendo persecución, no estamos viviendo piadosamente. Si nadie nos critica, eso significa que no somos

EL TEMOR AL HOMBRE

buenos cristianos o que no estamos enseñando la Palabra correctamente. Jesucristo dijo: "*Acordaos de la palabra que yo os dije: "Un siervo no es mayor que su señor." Si me persiguieron a mí, también os perseguirán a vosotros; si guardaron mi palabra, también guardarán la vuestra*" (Juan 15:20). Dicho en otras palabras, si criticaron al señor de la casa, ¡a nosotros también nos criticarán!

Yo he llegado al punto en el que descanso en Dios, porque sé que Él me ama. Entonces cuando la crítica y la persecución se presentan, no permito que me distraigan ni que me impidan hacer lo que Dios me pidió. Hay cientos, quizá miles, de *blogs* sobre mí en la Internet que dicen que soy una persona terrible. La gente dice toda clase de cosas de mí, pero eso no me va a cambiar.

El temor al hombre y el temor a la persecución paralizan a mucha gente. La mayoría de las personas son tan frágiles que no están dispuestos a sufrir persecución. Eso es un indicio de que la persona no tiene una relación íntima con Dios. Desean la alabanza del hombre más que la alabanza de Dios. Cuando la gente actúa así, están limitando a Dios.

CAPÍTULO 5

EL MIEDO AL ÉXITO

Cuando Dios me habló y me dijo que lo estaba limitando, uno de los mayores temores en mi vida era el miedo al éxito. Algunos de ustedes no entienden lo que estoy diciendo, pero yo creo que el éxito ha destruido a más gente que las dificultades y el fracaso. Con frecuencia la gente dice: "Cuando sufres y todo está saliendo mal, eso saca a la luz lo que hay dentro de ti". Lo que hay en nuestro interior verdaderamente sale a la luz cuando todo nos está saliendo bien. Todos, inclusive los que no están muy comprometidos con Dios, lo buscarán cuando las cosas no están funcionando y tienen la soga al cuello. Hasta la gente que no lo ama clamará a Dios y le pedirá ayuda cuando estén en un aprieto.

> *Dos cosas te he pedido, no me las niegues antes que muera: Aleja de mí la mentira y las palabras engañosas, no me des pobreza ni riqueza; dame a comer mi porción de pan, no sea que me sacie y te niegue, y diga: ¿Quién es el Señor?, o que sea menesteroso y robe, y profane el nombre de mi Dios.*
>
> PROVERBIOS 30:7-9

Yo creo que la evidencia más significativa de lo que hay en nuestro interior sale a la luz cuando todo está saliendo bien y no vemos la necesidad de depender de Dios. Porque, en realidad ¿cuánto estudiaremos la Palabra y oraremos entonces?

NO LIMITES A DIOS

NO TE OLVIDES DEL SEÑOR

Todos los mandamientos que yo os ordeno hoy, tendréis cuidado de ponerlos por obra, a fin de que viváis y os multipliquéis, y entréis y toméis posesión de la tierra que el SEÑOR juró dar a vuestros padres. Y te acordarás de todo el camino por donde el SEÑOR tu Dios te ha traído por el desierto durante estos cuarenta años, para humillarte, probándote, a fin de saber lo que había en tu corazón, si guardarías o no sus mandamientos. Y te humilló, y te dejó tener hambre, y te alimentó con el maná que no conocías, ni tus padres habían conocido, para hacerte entender que el hombre no sólo vive de pan, sino que vive de todo lo que procede de la boca del SEÑOR. Tu ropa no se gastó sobre ti, ni se hinchó tu pie durante estos cuarenta años. Por tanto, debes comprender en tu corazón que el SEÑOR tu Dios te estaba disciplinando así como un hombre disciplina a su hijo. Guardarás, pues, los mandamientos del SEÑOR tu Dios, para andar en sus caminos y para temerle. Porque el SEÑOR tu Dios te trae a una tierra buena, a una tierra de corrientes de aguas, de fuentes y manantiales que fluyen por valles y colinas; una tierra de trigo y cebada, de viñas, higueras y granados; una tierra de aceite de oliva y miel; una tierra donde comerás el pan sin escasez, donde nada te faltará; una tierra cuyas piedras son hierro, y de cuyos montes puedes sacar cobre. Cuando hayas comido y te hayas saciado, bendecirás al SEÑOR tu Dios por la buena tierra que El te ha dado.

EL MIEDO AL ÉXITO

Cuídate de no olvidar al SEÑOR tu Dios dejando de guardar sus mandamientos, sus ordenanzas y sus estatutos que yo te ordeno hoy; no sea que cuando hayas comido y te hayas saciado, y hayas construido buenas casas y habitado en ellas, y cuando tus vacas y tus ovejas se multipliquen, y tu plata y oro se multipliquen, y todo lo que tengas se multiplique, entonces tu corazón se enorgullezca, y te olvides del SEÑOR tu Dios que te sacó de la tierra de Egipto de la casa de servidumbre. El te condujo a través del inmenso y terrible desierto, con sus serpientes abrasadoras y escorpiones, tierra sedienta donde no había agua; El sacó para ti agua de la roca de pedernal. En el desierto te alimentó con el maná que tus padres no habían conocido, para humillarte y probarte, y para finalmente hacerte bien. No sea que digas en tu corazón: "Mi poder y la fuerza de mi mano me han producido esta riqueza." Mas acuérdate del SEÑOR tu Dios, porque El es el que te da poder para hacer riquezas, a fin de confirmar su pacto, el cual juró a tus padres como en este día. Y sucederá que si alguna vez te olvidas del SEÑOR tu Dios, y vas en pos de otros dioses, y los sirves y los adoras, yo testifico contra vosotros hoy, que ciertamente pereceréis. Como las naciones que el SEÑOR destruye delante de vosotros, así pereceréis, porque no oísteis la voz del SEÑOR vuestro Dios.

DEUTERONOMIO 8:1-20

NO LIMITES A DIOS

En este capítulo, Moisés les escribe a los israelitas sobre su entrada a la Tierra Prometida. Él les dice que cuando experimenten toda esa prosperidad, que tengan cuidado de no olvidarse de que fue el Señor el que les dio el poder para hacer riquezas para que Él establezca Su pacto. La vida del rey Saúl es un buen ejemplo de esto.

> *Y Samuel dijo: ¿No es verdad que aunque eras pequeño a tus propios ojos, fuiste nombrado jefe de las tribus de Israel y el Señor te ungió rey sobre Israel?*
>
> 1 SAMUEL 15:17

> *Pero Samuel respondió a Saúl: No volveré contigo; porque has desechado la palabra del Señor, y el Señor te ha desechado para que no seas rey sobre Israel.*
>
> 1 SAMUEL 15:26

Cuando Saúl era pequeño a sus propios ojos —cuando era humilde y obedecía a Dios— se llenó de orgullo y desobedeció a Dios; por lo tanto Dios no pudo usarlo. La humildad es necesaria para caminar con Dios. Saúl dejó de caminar con Dios porque se llenó de orgullo e hizo lo que quiso. Dios lo rechazó para que no fuera rey. Saúl limitó lo que Dios quería hacer en su vida.

> *Delante de la destrucción va el orgullo, y delante de la caída, la altivez de espíritu.*
>
> PROVERBIOS 16:18

> *DIOS RESISTE A LOS SOBERBIOS, PERO DA GRACIA A LOS HUMILDES.*
>
> 1 PEDRO 5:5

EL MIEDO AL ÉXITO

Hay temor en la prosperidad. La prosperidad ha destruido a mucha gente y ha endurecido el corazón de muchas personas para con el Señor. Éste es un problema en nuestra nación hoy. América es una nación tan próspera que tenemos gente malcriada que anda por ahí, y que creen que si no tienen cinco televisiones de plasma, ¡el gobierno debería hacer algo al respecto!

Si tú observas la historia de la Iglesia, puedes darte cuenta de que cada vez que la iglesia era perseguida, florecía. Pero cada vez que la Iglesia tenía un periodo de relativa prosperidad, siempre entraba en apostasía. Yo creo que eso es lo que está sucediendo en nuestra nación hoy por hoy. Tenemos una religión malentendida. América fue fundada sobre principios cristianos, pero ahora la Iglesia tiene una influencia mínima en nuestra nación. Y en muchos aspectos, — aunque no me alegra decirlo— estamos viviendo en una nación post-cristiana. A pesar de eso yo no me resigno, y no estoy diciendo que estamos condenados a que así sea. Yo creo que Dios va a resucitar a nuestra nación, y estoy haciendo todo lo que puedo por medio de la prédica de la Palabra. Todavía tengo fe en Dios por nuestra nación.

DELANTE DE LA DESTRUCCIÓN VA EL ORGULLO

Proverbios 16:18 también se puede aplicar al Rey Uzías. Uzías fue otro rey que empezó sirviendo a Dios con humildad. Dios le dio invenciones creativas, como las máquinas que construyó que le dieron ventajas militares sobre sus enemigos. Él prosperó, pero después se llenó de orgullo. Él entró al templo y se propuso ofrecer un sacrificio a Dios. Él trató de ejercer la función de un sacerdote, pero un rey no podía hacer eso, por lo tanto Dios lo hirió con lepra.

> *Uzías proveyó además a todo el ejército de escudos, lanzas, yelmos, corazas, arcos y hondas para tirar piedras. Y en Jerusalén hizo máquinas de guerra inventadas por hombres hábiles para ponerlas en las torres y en las esquinas, para arrojar flechas y grandes piedras. Por eso su fama se extendió lejos, porque fue ayudado en forma prodigiosa hasta que se hizo fuerte. Pero cuando llegó a ser fuerte, su corazón se hizo tan orgulloso que obró corruptamente, y fue infiel al SEÑOR su Dios, pues entró al templo del SEÑOR para quemar incienso sobre el altar del incienso. Entonces el sacerdote Azarías entró tras él, y con él ochenta sacerdotes del SEÑOR, hombres valientes, y se opusieron al rey Uzías, y le dijeron: No te corresponde a ti, Uzías, quemar incienso al SEÑOR, sino a los sacerdotes, hijos de Aarón, que son consagrados para quemar incienso. Sal del santuario, porque has sido infiel y no recibirás honra del SEÑOR Dios. Pero Uzías, con un incensario en su mano para quemar incienso, se llenó de ira; y mientras estaba airado contra los sacerdotes, la lepra le brotó en la frente, delante de los sacerdotes en la casa del SEÑOR, junto al altar del incienso. Y el sumo sacerdote Azarías y todos los sacerdotes lo miraron, y he aquí, tenía lepra en la frente; y le hicieron salir de allí a toda prisa, y también él mismo se apresuró a salir, porque el SEÑOR lo había herido.*
>
> 2 CRÓNICAS 26:14-20

EL MIEDO AL ÉXITO

¿INDEPENDIENTE O DEPENDIENTE DE DIOS?

David había prosperado tanto que optó por enviar a otros a hacer lo que Dios le había pedido a él. Es obvio que estaba aburrido, porque se levantó cuando el sol ya se estaba poniendo. Eso quiere decir que no estaba haciendo nada.

> *Aconteció que en la primavera, en el tiempo cuando los reyes salen a la batalla, David envió a Joab y con él a sus siervos y a todo Israel, y destruyeron a los hijos de Amón y sitiaron a Rabá. Pero David permaneció en Jerusalén. Y al atardecer David se levantó de su lecho y se paseaba por el terrado de la casa del rey, y desde el terrado vio a una mujer que se estaba bañando; y la mujer era de aspecto muy hermoso. David mandó a preguntar acerca de aquella mujer. Y alguien dijo: ¿No es ésta Betsabé, hija de Eliam, mujer de Urías hitita? David envió mensajeros y la tomó; y cuando ella vino a él, él durmió con ella.*
>
> 2 SAMUEL 11:1-4

Al principio David dependía de Dios pero después se independizó a causa de la prosperidad. Las Escrituras me hicieron consciente de que si el Señor incrementaba mi ministerio y me daba más influencia — alcanzar a más y más gente— eso podría causar mi destrucción. A mí eso me dio miedo. Quizá algunos de ustedes piensen que eso es raro, pero yo le tenía miedo al éxito y a los efectos que pudiera tener sobre mí. Después un día, el Señor me dijo: "He estado haciendo una labor contigo durante 33 años, y tú debes tener confianza en que te he preparado para esto". Por lo tanto tuve que vencer ese temor y dije: "Padre, lo acepto y todas las consecuencias que se presenten".

El temor me estaba deteniendo. No me gusta admitirlo, pero en parte era un sentimiento de carencia de valor. Yo sabía que Dios me amaba y que Él tiene mi foto en Su cartera, pero todavía tenía que lidiar con lo que la gente pensaba de mí. No me sentía merecedor como para que Dios me usara. Como dije antes, si yo fuera Dios, no me hubiera escogido a mí mismo.

DIOS TE APARTÓ

El Señor me habló en Enero del año 1973, unos cuantos meses después de que Jamie y yo nos habíamos casado. El Señor me despertó a medianoche y me habló usando Jeremías 1:4-8:

> *Y vino a mí la palabra del SEÑOR, diciendo: Antes que yo te formara en el seno materno, te conocí, y antes que nacieras, te consagré, te puse por profeta a las naciones. Entonces dije: ¡Ah, Señor DIOS! He aquí, no sé hablar, porque soy joven. Pero el SEÑOR me dijo: No digas: "Soy joven", porque adondequiera que te envíe, irás, y todo lo que te mande, dirás. No tengas temor ante ellos, porque contigo estoy para librarte —declara el SEÑOR.*

Desde esa noche, yo nunca le dije a nadie que no podía hablar. No me libré instantáneamente de mi temor, pero empecé a hacer lo que Dios me había dicho. Antes de que me formara en el seno materno, y antes de que saliera del vientre de mi madre, Dios ya tenía un propósito para mí. Pablo dijo lo mismo en Gálatas 1:15: "Dios, que me apartó desde el vientre de mi madre y me llamó por su gracia..."

Fuimos creados por Dios. El Salmo 139:16 dice que cuando todavía estábamos en el vientre de nuestra madre, Él conocía todas nuestras partes y estaban escritas en su libro[1]. Ya sabía todo sobre nosotros. Él nos creó y nos diseñó con un propósito específico. No tenemos el derecho de vivir nuestras vidas para descubrir que tenemos algún don artístico, o administrativo, o don de gentes — y de examinar nuestras opciones para escoger algo y hacer lo que se nos antoje.

Dios te creó con un propósito, y de ti depende que descubras cuál es ese propósito. Tú no puedes realizar ese designio por accidente. No se realiza porque sea nuestro sino. Tú debes esforzarte para entender el designio de Dios para poder lograrlo. Requiere una revelación de Dios porque Él te llamará a hacer algo que está más allá de ti mismo. De esta manera, aprenderás a depender de Dios. Si solamente te fijas en tu personalidad y en las pruebas de personalidad para ver cuáles son tus capacidades, vas a pasar a Dios por alto. Hay cosas dentro de ti que Él quiere desarrollar.

Dios me llamó a hacer precisamente algo que no podía hacer —hablar enfrente de millones de personas. Él llamó a un "provinciano" de Texas a predicar Su Palabra. Ha habido gente que se burla de mi voz y hasta hubo alguien que nos envió una carta al ministerio diciendo que pensaba ¡que yo era Gomer Pyle!

---

[1]N.T. El autor basa su argumento en la versión King James en Inglés (Salmo 139:16).

NO LIMITES A DIOS

Otra persona escribió en una ocasión y dijo que "mi simpleza era extrema". Yo sí entendía lo que querían decir.

Definitivamente no soy un ministro típico. No soy una persona carismática; sin embargo Dios me escogió a mí. Y tan sólo porque le respondí a Él, Él me bendijo. Él está usando mi vida. Hay personas que hoy están vivas y que estarían muertas si yo no hubiera hecho lo que Dios me pidió. Hay personas que están empezando a entender la bondad de Dios, y sus vidas están cambiando. ¡Están sucediendo milagros! Tú debes descubrir tu propósito. La única posibilidad que tienes para desarrollar todo tu potencial es hacer aquello para lo que Dios te creó.

DETENIENDO LAS BENDICIONES

En diciembre del 2001, el Señor estuvo tratando conmigo durante unos 45 días hasta que yo me di cuenta de que lo estaba limitando. Parte de ese proceso empezó cuando estábamos buscando espacio para una oficina nueva porque habíamos sobrepasado el tamaño de nuestra oficina de 14,600 pies cuadrados. Cuando empezamos a buscar un lugar nuevo, yo andaba de viaje y ministrando mientras que Jamie estaba trabajando con el agente de ventas. Cuando ella me recogió en el aeropuerto, me mostró algunos de los inmuebles que había visitado y algunos medían 30,000 pies cuadrados. Mi esposa Jamie dijo que era probable que nuestro ministerio cupiera en ese espacio para siempre. Pero tan pronto cuando ella dijo eso, yo pensé: "¡Oh no, se me olvidó decirle a Jamie que el Señor me habló y me dijo que un día tendríamos uno de los ministerios más grandes del mundo!"

Jamie y yo compartíamos todo y no teníamos secretos, pero de repente, me di cuenta de que todavía no le había dicho lo que el Señor me había dicho. En el inicio de nuestro ministerio recibí tanta crítica que dejé de hablar de las cosas que Dios había puesto en mi corazón. Como me habían criticado tanto en el pasado, tenía temor de que Jamie también rechazara mi visión. Cuando me di cuenta de que todavía no le había dicho, fue una sorpresa para mí ver que yo había permitido que el temor me impidiera hablar de eso con ella.

Había estado en la radio desde 1976, pero nunca me había permitido a mí mismo pensar que verdaderamente estaba influenciando a la gente porque tenía miedo de llenarme de orgullo. Dios me mostró que estaba limitando lo que Él podía hacer en mi vida por mi humildad falsa y mi sentimiento de carencia de valor, aunado a mi miedo al éxito.

Una de las maneras como Él me mostró esto fue por medio de una entrevista en la radio que hice con Len y Cathy Mink. Mientras estaba sentado en una habitación adyacente, esperando a que ellos terminaran las noticias y el reporte climatológico, me presentaron de manera tal que me sentí apenado. Hablaron de la manera como el Señor me usó cuando ellos acababan de ser salvos para influenciar sus vidas y guiarlos por el camino correcto. Yo había conocido a la familia Mink durante años, pero nunca se me ocurrió que yo hubiera podido influenciar sus vidas. Les comuniqué esto después de la entrevista, y se sorprendieron mucho. Me recordaron que yo ya había estado enseñando en más de 100 radiodifusoras por décadas y que no existía ninguna razón para que yo dudara de que el Señor hubiera alcanzado a algunas personas por este medio.

Por supuesto, lo que dijeron tenía sentido, pero nunca me había permitido pensar en la manera como el Señor me estaba usando, por temor a llenarme de orgullo. Estaba evitando hasta la más mínima tentación de llenarme de orgullo negándome a ver lo que era obvio. Eso tampoco está bien.

Tuve que enfrentar estas cuestiones para lidiar con ellas. Cuando hice ese cambio en mi corazón y dije: "Gloria a Dios, voy a hacer lo que Dios me pidió sin importar el riesgo al fracaso, el rechazo, la persecución, o el orgullo", en unas semanas todo en nuestro ministerio cambió. ¡Empezó a crecer como la espuma!

El Señor me mostró que Él había estado derramando todas estas bendiciones sobre mí desde que Él me llamó a ministrar 45 años atrás, pero que era como si yo hubiera construido una presa inmensa que las estaba deteniendo. Cuando finalmente me sometí y dije: "Muy bien, lo haré", entonces empecé a declarar mi fe sobre mi ministerio, ¡y fue como si la presa se hubiera roto y el poder de Dios salió como una cascada!

Unas semanas después de que le quité los límites a Dios, empecé a ver resultados milagrosos. Esto también te puede suceder a ti una vez que dejes de limitar lo que Dios quiere hacer en tu vida — sea por el temor al hombre o el temor al éxito o por cualquier otra clase de temor. Dios tiene un gran plan para tu vida. Él tiene un propósito maravilloso. ¡Quítale los límites a Dios y ve la realización de Su designio en tu vida!

EL MIEDO AL ÉXITO

CAPÍTULO 6

LA IMAGINACIÓN

Cuando reuní a mis empleados para comunicarles lo que el Señor me había dicho a mí, les dije que yo tenía una imagen dentro de mí de lo que yo era *capaz* de hacer — y una imagen dentro de mí de lo que yo era *incapaz* de hacer. Todos tenemos una imagen en nuestro interior de lo que podemos hacer (lo que somos capaces de hacer), junto con lo que solamente Dios puede hacer por medio de nosotros (lo que somos incapaces de hacer por nuestra cuenta). Esta última imagen es como una altura máxima, o límite, para lo que Dios puede hacer en nuestras vidas. Nos vemos a nosotros mismos de cierta manera, pero debemos cambiar esa imagen si no queremos limitar a Dios. Yo no sabía cuánto tiempo se llevaría cambiar esa imagen de lo que yo era incapaz de hacer — una semana, un mes, un año, o hasta más— ¡pero yo me había propuesto cambiarla para empezar a verme a mí mismo haciendo lo que Dios me había pedido!

Dios nos creó con una imaginación, y no podemos pensar sin ella. Si yo te preguntara cuántas puertas tienes en tu casa, probablemente no podrías contestar inmediatamente porque nunca has contado cuántas puertas hay. No tienes esta información guardada en tu memoria, sin embargo podrías contar el número de puertas en tu casa usando tu imaginación. Podrías ver cada cuarto en tu casa y contar las puertas aunque no las estés viendo con tus ojos naturales. Podrías emplear tu imaginación para verlas.

USAMOS NUESTRA IMAGINACIÓN TODOS LOS DÍAS

La mayoría de nosotros en realidad no nos damos cuenta cuánto usamos nuestra imaginación. Algunas personas piensan que la imaginación es sólo para los niños, pero todos la usamos en todo momento, todos los días. No podríamos manejar para ir al trabajo si no pudiéramos ver el camino para llegar allí en nuestra mente. También echamos mano de nuestra imaginación cuando estamos en casa y "caminamos por los pasillos en el supermercado", para hacer en casa la lista para las compras.

Los adultos con frecuencia se equivocan cuando piensan que usar la imaginación es fantasear, pero no es así. La palabra imaginación se define como "la acción o el poder de formarse una imagen mental de algo que no está presente para los sentidos o que nunca antes se percibió totalmente en la realidad".[1] Dicho en otras palabras, la imaginación es la capacidad para ver con nuestras mentes algo que no podemos ver con nuestros ojos físicos.

Nuestra imaginación es esencial. ¡No podemos funcionar sin ella! Por ejemplo, usamos nuestra imaginación cuando alguien nos pide que le ayudemos a encontrar una dirección y nosotros visualizamos el camino en nuestras mentes. Si alguien te pidiera indicaciones para llegar a tu casa desde la vía rápida más cercana, no tendrías que manejar hasta ese lugar para poder dar las indicaciones. Tú podrías imaginarte las calles y guiar a esa persona por medio de lo que tú ves en tu mente —tu imaginación. Tú podrías darle puntos de referencia que estuvieran por el camino, y la distancia aproximada entre las calles. Tú puedes hacerlo porque lo interiorizaste en tu imaginación; lo estás viendo por medio de tu imaginación.

[1] Merriam-Webster dictionary online,http://www.merriam-webster.com

LA IMAGINACIÓN

En cuanto a la dirección de Dios para nuestras vidas, tenemos que usar nuestra imaginación para ver que esas cosas se realizan. Para la mayoría de nosotros es un consuelo culpar a los demás, a nuestra educación, al color de nuestra piel, a nuestra posición social por el estado en el que se encuentran nuestras vidas. Quizá hasta le echamos la culpa a nuestro origen o al abuso que sufrimos de niños. Aunque pudiéramos tener un millón de excusas, en realidad ninguna de esas cosas externas está controlando nuestras vidas. Nuestras vidas son como son hoy por la manera en que las hemos visto o descrito en nuestra imaginación. Nuestra manera de pensar determina la dirección que tomará nuestra vida.

PENSAMOS EN IMÁGENES

No recordamos gran parte de la información que se nos dio. Por eso es que muchos métodos pedagógicos no son eficaces. Nuestra imaginación, no obstante, nos ayuda a entender conceptos abstractos como las matemáticas. A algunas personas se les dificulta entender las matemáticas, pero un buen maestro ilustrará los problemas de aritmética de manera que ayude a los estudiantes a entender. En vez de enseñar así: "1 +1=2; o 2+2=4". Es mejor enseñar así: "Tengo dos manzanas, y si añado dos más, ¿cuántas manzanas tendré?" Al pintar una imagen con palabras, el maestro le ayuda al estudiante a visualizar el concepto.

Cuando escuchamos la palabra *"manzana"* no nos imaginamos las letras m-a-n-z-a-n-a. En cambio, vemos la imagen mental de una manzana. Algunas personas quizá vean una manzana verde mientras que otras podrían ver una roja, pero la palabra *"manzana"* genera la imagen de una manzana en nuestras mentes. Yo podría cambiar la imagen de esa manzana usando palabras específicas. Por ejemplo, si yo dijera: "Una manzana grande roja, y jugosa", tu imagen mental de la manzana cambiaría para concebir estos adjetivos. ¡Las palabras pintan imágenes!

No podemos construir nada sin la imaginación. Los arquitectos usan planos para mostrarles a los trabajadores cómo deben construir lo que se imaginaron. Cuando estábamos diseñando los edificios para nuestro nuevo campus en Woodland Park, Colorado, nos pasamos horas hablando de cómo queríamos que se viera el auditorio. Una vez que pudimos ver lo que queríamos en nuestra imaginación, los arquitectos pudieron dibujar los planos para el contratista de obras.

En Vietnam, nuestra agua llegaba en "vejigas de agua". La mayoría de ustedes no pueden imaginarse una "vejiga de agua", por lo tanto no podrás visualizarla ni describírsela a alguien. Las vejigas de agua son recipientes de plástico en forma de cilindros con agarraderas de latón que se transportaban volando en helicópteros en tamaños de 250-, 500-, y 1000 galones. Cada recipiente tenía un grifo en la parte superior que usábamos para llenar nuestros recipientes para el agua. Conforme el agua salía, la presión atmosférica aplastaba la vejiga de agua aplanándola. Después el helicóptero la levantaba y se la llevaba. Quizá esto no te da una imagen perfecta de una vejiga de agua, pero por lo menos ahora ya tienes una vaga idea de una, porque tienes una imagen para formarte el concepto — tienes algo que puedes ver.

¿Alguna vez te has preguntado por qué la gente ve una aparición cuando van a Israel? No es porque ahí fue donde Jesús caminó o porque ahí había una unción especial. ¡En lo más

LA IMAGINACIÓN

mínimo! Es porque, de repente, pueden ver las cosas que habían tratado de imaginarse en sus mentes. Todo es más real. Estar "en el lugar de los hechos" estimula la imaginación. Una vez que la gente puede verlo, la Palabra se vivifica para ellos.

Tienes que echar mano de tu imaginación para poder quitarle los límites a Dios.

Sin tu imaginación no puedes ver que algo se realiza. Tienes que usar tu imaginación para pensar en grande y para tener una visión más amplia. Si no puedes ver algo en tu interior no podrás ver que se manifiesta en tu vida. Si no puedes visualizarte curado ni verte a ti mismo sano, no podrás ver que la sanidad se manifiesta en tu cuerpo. ¡Quítale los límites a Dios usando tu imaginación de una manera positiva para realizar el designio que Él tiene para tu vida!

USAMOS NUESTRA IMAGINACIÓN PARA RECORDAR COSAS

Oh Señor, Dios de nuestros padres Abraham, Isaac e Israel, preserva esto para siempre en las intenciones del corazón de tu pueblo, y dirige su corazón hacia ti.
1 CRÓNICAS 29:18

Cuando David estaba a punto de morir, él juntó a la gente de Israel y recolectó una ofrenda para la construcción del templo. David había dado mil o dos mil millones de dólares en oro de su peculio para el templo. Cuando lo hizo, el resto de la nación respondió. La gente se sintió tan conmovida por el donativo de

David que empezó a dar —y en conjunto recogieron una ofrenda de más de cinco mil millones de dólares.

David empezó a alabar a Dios y dijo: "Dios, ¿quiénes somos?" Después hizo memoria e hizo el recuento de cómo habían salido de Egipto como esclavos, pero ahora podían dar una ofrenda tan generosa. Todo lo que hicieron fue tomar de la bendición que Dios ya les había dado para ofrendarla. Cuando David le pidió a Dios que conservara eso en la imaginación[1] de los corazones de la gente para siempre, él estaba diciendo: "¡No permitas que se les olvide!".

La memoria también está relacionada con la imaginación —empezando con las cosas sencillas como recordar en dónde estacionaste tu auto— hasta recordar el vecindario en el que creciste. La memoria funciona a partir de nuestra imaginación.

La mayoría de la gente no anota el lugar donde estacionaron su auto cada vez que salen a la calle; simplemente tienen una imagen mental del lugar donde lo estacionaron.

Así es como recordamos las cosas. No podemos recordar algo que no podamos visualizar o imaginarnos. En realidad no podemos entender algo a menos que podamos visualizarlo en nuestras mentes. Por eso es que la gente dice que una imagen es mejor que mil palabras. Si tú puedes visualizar algo — ¡podrás tenerlo o hacerlo!

[1] N.T La versión King James en inglés usa la palabra *imagination* (1Crónicas 29:18), que podría traducirse como imaginación.

LA IMAGINACIÓN

¿PUEDES VER?

Una vez escuché el relato de la esposa de un pastor que estaba ciega. Sus lentes eran tan gruesos que parecían de vidrio de fondo de botella. Un evangelista de sanidad estaba predicando en su iglesia un día, y ella estaba tratando de eludirlo porque muchas personas ya habían orado por sus ojos en el pasado pero nunca había sanado, y por lo tanto no quería recibir oración otra vez. Pero el evangelista de sanidad la acorraló en uno de los servicios y le dijo: "Quiero orar por ti".

Él le pidió que se quitara los lentes y le ordenó a sus ojos que sanaran. Cuando terminó le preguntó: "¿Puedes ver?"

La mujer empezó a abrir sus ojos para revisar su visión, pero el evangelista de sanidad la detuvo. "¡Cierra tus ojos!" —le ordenó. Y ella rápidamente cerró los ojos.

Cuando hicieron lo mismo una tercera vez, ella se quedó ahí confundida con los ojos cerrados, preguntándose: "¿Qué está haciendo este hombre? ¿Cómo puedo darme cuenta si puedo ver si no abro los ojos?" Después ella escuchó que el evangelista le dijo: "Yo no te dije que abrieras los ojos; tienes que verte viendo a ti misma en el interior antes de que puedas ver en el exterior. Tienes que verte sanada a ti misma".

Ella se quedó ahí con los ojos cerrados, pensando en lo que él había dicho. En unos minutos ella lo entendió. Él estaba preguntando: "¿En tu imaginación, estás ciega o puedes ver?"

Ella oró en lenguas por un rato y finalmente dijo: "Ya me puedo ver viendo".

NO LIMITES A DIOS

"Ahora abre tus ojos", le dijo.

Cuando ella abrió los ojos, su visión era perfecta. ¡Ella había sanado!

¿CÓMO TE VES A TI MISMO?

En nuestra sociedad, la gente dice que ya va cuesta abajo a la edad de los 40. Ven personas enfermas entre los 70 y los 80 años de edad y piensan que un día serán como ellos. Empiezan a hablar y anticipar los problemas que van a tener cuando se hagan viejos, y eso se convierte en una profecía que se cumple por sí misma.

Debemos vernos a nosotros mismos como Dios nos ve. La visión que Él tiene para nosotros está revelada en Su Palabra. En el capítulo 1 mencioné que Moisés tenía 120 años de edad cuando murió, y que su vista no se había debilitado ni había perdido su vigor (Deuteronomio 34:7). Nosotros tenemos un pacto superior al que Moisés tuvo, por lo tanto si él pudo ser sano y llegó a cumplir 120 años de edad, ¡nosotros también podemos!

Tenemos que cambiar nuestra manera de pensar. Debemos estudiar la Palabra e imaginarnos las verdades que Dios nos ha dado hasta que se pinte una imagen en nuestro interior —hasta que nos veamos sanos, justos, y llenos de paz y gozo. ¡Nunca podremos ver que algo se dé en el exterior a menos que primero veamos que sucede en el interior!

Muchos de ustedes están orando para que sucedan grandes cosas —la restauración de tu matrimonio, sanidad en tu cuerpo, o la prosperidad en tus finanzas. Estás orando por esas cosas, pero no puedes verlas —y es frustrante. Pero si tan sólo meditaras en la Palabra y permitieras que ésta pintara una imagen en tu interior, podrás ver que se realiza. Como un hombre piensa en su corazón, así es él (Proverbios 23:7).

Pablo dijo: *"Porque por fe andamos, no por vista"* (2 Corintios 5:7). Como cristiano, tu imaginación debería pintar una imagen tan real que vivas por lo que la Palabra dice más que por lo que puedes ver con tus ojos físicos. ¡Y sí puedes hacerlo! ¡Dios todopoderoso está viviendo en tu interior!

¿Estás visualizando lo que la Palabra de Dios dice de ti? ¿Puedes verte sano? ¿Puedes ver que estás prosperando? ¿Puedes verte a ti mismo haciendo los milagros que Jesús hizo? Si no es así, debes meditar en la Palabra de Dios hasta que puedas verte a ti mismo experimentando esas cosas. Tienes que cambiar la manera como te ves a ti mismo. Tienes que verte a ti mismo como Dios te ve. Tienes que quitar los límites y echar mano de tu imaginación para poder ver que el designio de Dios se realiza en tu vida.

VIENDO EN EL INTERIOR

Antes de que yo viera que algo se manifestaba en el exterior, tenía que ver que se realizaba en el interior. Jesucristo dijo: *"En verdad, en verdad os digo: el que cree en mí, las obras que yo hago, él las hará también; y aun mayores que éstas hará, porque yo voy al Padre"* (Juan 14: 12). Empecé el proceso de ver cosas en el interior meditando en cada versículo en el que Jesús sanaba a alguien o resucitaba a alguien de entre los muertos. Después cerraba mi Biblia, cerraba mis ojos, y me veía a mí mismo resucitando a Lázaro de entre los muertos. Me veía a mí mismo resucitando a la hija de Jairo de entre los muertos. Todo lo que Jesús hizo, me veía haciéndolo. Me imaginaba cómo sucedieron las cosas cuando Jesús dijo: *"Quiten la piedra"* (Juan 11:39). Estaba empleando mi imaginación.

Empecé a creer que era posible ver gente resucitar de entre los muertos después de que leí lo que Jesucristo dijo en el Evangelio de Juan. Eso me inspiró para creer que Dios haría milagros a través de mí. Pensé respecto a todos los milagros que Jesús hizo y pregunté: "Padre, ¿puedo resucitar a alguien de entre los muertos?" Medité tanto en eso que cada noche en mis sueños resucitaba hasta 12 personas. Soñaba que iba a las morgues y que las vaciaba. Después de aproximadamente seis meses, de hecho vi a una persona resucitar de entre los muertos con mis ojos físicos, pero después pasaron unos 10 o 15 años hasta que volví a experimentarlo. Un día, volví a sentir que Dios me inspiraba para que volviera a imaginarme personas que resucitaban de entre los muertos; muy pronto, esos sueños se repitieron.

Después, una noche recibí una llamada telefónica en la que me dijeron que mi hijo había muerto. Él había estado muerto por cuatro horas y media cuando yo recibí la llamada. Yo empecé a agradecerle a Dios por Su bondad y a exaltarlo por encima de las circunstancias. Cuando llegué al hospital, mi hijo ya había regresado a la vida — ¡pero eso no hubiera sucedido si yo no hubiera estado meditando en, e imaginado el poder de Dios de resucitar a los muertos!

Antes de que veas que algo se realiza en el exterior, tienes que verlo en el interior. Tiene que ser tan real que puedas verte a ti mismo haciendo esas cosas. No vas a ver el poder milagroso de Dios si estás derrotado, desanimado, o deprimido en tu imaginación. Deja de ponerle límite a Dios con tu imaginación. Resucita tu imaginación, ¡y empieza a usarla de una manera positiva!

IMAGINACIONES VANAS

Nuestra imaginación es una fuerza poderosa, pero tiene que ser empleada. Debe ser un esfuerzo deliberado. Si dejamos nuestras imaginaciones en automático, terminaremos envaneciéndonos en nuestras imaginaciones. Romanos 1:21 dice que si no le damos honra y gloria a Dios y no somos agradecidos, nuestras imaginaciones[1] se envanecerán, y nuestros necios corazones se entenebrecerán. Nos apartaremos de la vida de Dios por la ceguera de nuestros corazones.

Una imaginación positiva es el producto derivado de que verdaderamente hemos sido agradecidos y hemos valorado las cosas de Dios. Enaltecer a Dios y ser agradecido hará que nuestras imaginaciones se vivifiquen y empezaremos a ver las cosas de una manera diferente a como las habíamos visto. Una imaginación vana, por el contrario, concibe el mal en vez de ser creativa y de concebir cosas buenas.

Se hicieron vanos en sus razonamientos y su necio corazón fue entenebrecido.
ROMANOS 1:21

---

[1] N.T. El autor basa su argumento en la versión en inglés King James (Romanos 1:21; también véase 1 Crónicas 29:18), que usa la palabra *imaginations* que podría traducirse como "imaginaciones".

NO LIMITES A DIOS

La palabra "imaginación" se usa solamente una vez de manera positiva en la Biblia: "*Oh Señor, Dios de nuestros padres Abraham, Isaac e Israel, preserva esto para siempre en las intenciones del corazón de tu pueblo, y dirige su corazón hacia ti*" (1 Crónicas 29:18). Cada una de las otras veces que la palabra "imaginación" se menciona, se usa de una manera negativa. ¿Sabías que Dios y Su propósito en la tierra fueron impugnados por la imaginación de la gente?

En Génesis 11:6, el Señor bajó para ver la Torre de Babel y básicamente dijo: "Vayamos, confundamos la lengua de las gentes porque son un pueblo, y tienen la misma lengua, y ahora nada de lo que se imaginen les será imposible". Ninguna cosa que se imaginen les será imposible, por lo tanto Dios confundió sus lenguas para causar división y evitar que progresaran hasta llegar al punto en que pudieran cubrir sus necesidades. Dios quería que ellos dependieran de Él.

Un corazón necio y entenebrecido es un corazón endurecido — una vez que tu corazón se endurece, te apartas de la vida de Dios (Efesios 4:18). Es algo trágico, pero la mayoría de la gente vive en algún nivel entre una imaginación vana, negativa y un corazón duro. Solamente se imaginan cosas malas; entonces cuando el doctor les dice que van a morir, empiezan a planear su funeral. Se ven a sí mismos muriendo y empiezan a imaginarse lo que va suceder cuando se vayan. Una imaginación tan vana, y negativa, obra en contra de ellos y es la causa de un corazón duro. Tener un corazón duro no necesariamente significa que no estamos tratando de amar a Dios o de buscar Su designio para nuestras vidas; solamente significa que no entendemos lo mucho que Dios nos ama independientemente de nuestro comportamiento y nuestro desempeño.

LA IMAGINACIÓN

La gente con corazones duros solamente ve y entiende la Palabra de Dios con sus cerebros. Ir más allá de esa etapa requiere tiempo y esfuerzo. Tenemos que empezar a obedecer a Dios, meditar en Su Palabra, glorificarlo, y ser agradecidos. Debemos poner nuestra atención en Dios y en lo que Él ya hizo por nosotros, en vez de tener la atención puesta en nosotros mismos. Conforme más pongamos la atención en Él, en vez de que nuestra imaginación sea vana, ésta se vivificará.

MANTÉN TU MENTE EN EL SEÑOR

No podemos convertirnos en lo que Dios dice que somos a menos que podamos vernos como Él nos ve. Nos vamos a convertir precisamente en lo que nos imaginemos — independientemente de que la imagen sea positiva o negativa. Si pensamos que somos unos fracasados, lo seremos. Tenemos que lidiar con nuestra imaginación y hacer que ésta se alinee con la opinión que Dios tiene de nosotros.

Estaríamos mucho mejor si pasáramos más tiempo estimulando nuestra imaginación. No podemos permitir que lo que los demás digan determine nuestra identidad o nuestro futuro. Debemos descubrir lo que la Palabra dice de nosotros. Después debemos orar y permitir que el Espíritu Santo nos dé una imagen de lo que Él quiere que hagamos — y quién quiere que seamos.

Tú guardarás en completa paz a aquel cuyo pensamiento en ti persevera; porque en ti ha confiado.
ISAÍAS 26:3 RV1960

NO LIMITES A DIOS

Nuestra imaginación debe perseverar en el Señor. Mucha gente piensa: "Pues bien, estoy tratando de que mi mente permanezca en el Señor". Pero, ¿estás permitiendo que tu imaginación persevere en el Señor? ¿Estás visualizando lo que la Palabra de Dios dice de ti? Cuando no nos damos cuenta qué importante es que nuestra imaginación permanezca en el Señor, le permitiremos a ésta que actúe en nuestra contra, y solamente veremos cosas negativas.

USA LO QUE DIOS YA TE DIO

Efesios 4:17 dice: *"Esto digo, pues, y afirmo juntamente con el Señor: que ya no andéis así como andan también los gentiles, en la vanidad de su mente"*. La palabra *"gentiles"* en este versículo se refiere a los incrédulos — aquellos que no tienen un pacto con Dios. No debes andar como un hombre perdido que anda en la vanidad de su mente. La frase "vanidad de la mente" en realidad significa que no estás usando todo lo que Dios te ha dado.

La ciencia nos dice que solamente usamos un 10% de nuestro cerebro. Te aseguro que no estamos usando todo lo que Dios nos ha dado. Como cristianos, debemos empezar a utilizar lo que Dios nos dio. Dios nos dio la imaginación. ¡Es una fuerza poderosa! No seas como la gente perdida que solamente usa su imaginación para ver cosas negativas.

El mundo se inclina por lo negativo. Un pesimista es alguien que tiene una imaginación muy vívida; sin embargo, se imagina todas las cosas malas. Esa persona ve el vaso medio lleno pero dice que está medio vacío. Siempre ven el lado negativo de las cosas. Una persona así, sí usa su imaginación, pero ésta se ha envanecido. Si no somos agradecidos ni glorificamos a Dios, nuestra imaginación se envanecerá. Si no estamos glorificando a Dios — dándole estima y valor— por medio de la alabanza y no le estamos dando las gracias por lo que tenemos, nuestra imaginación terminará viendo el lado negativo en todo.

CAMBIA LA IMAGEN EN TU INTERIOR

Mucha gente se pierde de lo que Dios tiene para ellos porque, aunque piden sanidad, por ejemplo, en realidad se ven enfermos en el interior. Han estado enfermos por tanto tiempo que la enfermedad no solamente está en sus cuerpos; también se ha propagado a sus mentes y a sus emociones. Hasta se ven a sí mismos enfermos en sus sueños. Cuando oran, están esperando que algo suceda, pero realmente no lo creen internamente. No se ven a sí mismos sanos. Su imaginación se ha envanecido y está obrando en su contra y no a su favor. Es importante que tengamos la imagen correcta en el interior.

A algunos niños les han dicho desde una edad temprana que no son deseados o que nunca lograrán nada. A otros los critican por el color de su piel, porque no recibieron una educación, o por su nivel socioeconómico. Cuando creemos en las palabras negativas o la manera como la gente nos ve, eso forma una imagen en nuestro interior de quiénes somos y de lo que podemos hacer. Esa imagen sirve como un tope de altura máxima que no podemos superar. Aunque nuestros talentos y capacidades pudieran llevarnos más lejos, no lo permitimos. ¡De alguna manera encontramos la manera para auto-destruirnos!

Tengo un buen amigo cuyo papá fue muy duro con él cuando era niño. Ellos tenían muchos carros en su propiedad, y su padre lo obligaba a que le ayudara a trabajar en los carros. Su padre le decía: "Eres un tonto. No puedes atornillar una tuerca en un tornillo sin que se trasrosque".

Al pasar de los años, yo he trabajado con mi amigo en varios carros; pareciera que cada vez que él pone una tuerca en un tornillo, hace que se trasrosque. La pone una vez y lo hace bien, pero después dice: "Creo que se trasroscó". Entonces, quitaba la tuerca, la volvía a poner, y repetía el proceso unas cinco o seis veces, tratando de arreglarlo. Finalmente terminaba por hacer que la tuerca se trasroscara, porque tenía una imagen negativa pintada en su interior que seguía afectándolo.

Tenemos que cambiar la imagen en nuestro interior para empezar a vernos por medio de la Palabra de Dios. Una vez que yo cambié la imagen que tenía de mí mismo en mi interior, llegué al punto en el que yo creía que podía hacer cualquier cosa que necesitara. Hoy, me puedo ver a mí mismo haciendo cualquier cosa. Soy como un corcho. Me puedes sumergir hasta el fondo del océano, y subiré hasta la superficie porque me he renovado por medio de mi imaginación. Si tú tienes una imaginación vana, y le permites a tu imaginación que trabaje en tu contra en vez de a tu favor, entonces vas a limitar lo que Dios quiere hacer en tu vida.

LA CONCEPCIÓN

La palabra hebrea *yetser* (*yeser* en algunas concordancias) se traduce como "imaginación", que también significa "concepción". Cuando una pareja quiere tener un bebé, no es suficiente que oren por uno. Un bebé tiene que ser engendrado por medio de una relación sexual. A los bebés no los trae la cigüeña. Se debe sembrar una semilla en el útero de una mujer.

Nuestra imaginación es nuestro útero espiritual. Es donde concebimos el poder hacedor de milagros de Dios. Sin la imaginación no hay concepción. Si no podemos concebirlo —formarlo en nuestra imaginación— no se realizará. En el ámbito espiritual, los milagros no se dan porque alguien se siente desesperado o porque existe una necesidad. Si concebimos un milagro, le daremos vida. Sin embargo, la mayoría de los cristianos están esperando a que la cigüeña les traiga su milagro. Si queremos ver algo en el exterior, primero debe ser concebido en nuestra imaginación. Dicho en otras palabras, tenemos que verlo en el interior antes de que pueda nacer en el exterior. Así es como Dios fluye por medio de nosotros.

Debemos glorificar a Dios y reconocer lo que Él ha hecho en nuestras vidas. Debemos ser agradecidos y exaltar a Dios por encima de nuestras circunstancias. Debemos tomar el control y empezar a concebir los propósitos de Dios en nuestra imaginación. Debemos permitir que el plan que Dios tiene para nosotros eche raíces en nuestros corazones, y vernos realizándolo, para después ver que se manifiesta.

Nuestra imaginación es poderosa. Si entendiéramos esto y empezáramos a cooperar deliberadamente con la manera como ésta funciona —pasando tiempo en la Palabra y permitiendo que pinte una imagen en nuestro interior, podríamos ver el plan de Dios en el interior. Nos embarazaríamos espiritualmente, y solamente sería cuestión de tiempo hasta que finalmente podamos dar a luz. ¡Se manifestará!

¡TU IMAGINACIÓN FUNCIONARÁ PARA TI!

Debemos meditar en la Palabra de Dios, e iniciar un esfuerzo deliberado para entrenar a nuestra imaginación. Si pasamos el tiempo viendo la TV, nunca tendremos una buena condición física. Nuestros músculos nunca se fortalecerán ni se desarrollarán —se atrofiarán. Sucede lo mismo con nuestra imaginación. Debemos usar nuestra imaginación de una manera positiva. Debemos tomar una verdad y meditar en ella hasta que veamos que se manifiesta en nuestras vidas. Yo recuerdo cuando construí una terraza en mi casa. Me pasaba horas con la mirada perdida, tratando de ver cómo quería que se viera esa terraza. Una vez que me lo imaginé, ¡ya podía hacerlo! Me senté ahí con papel y una pluma y conté cuántos postes y cuántas vigas necesitaba. No había nada material que yo pudiera ver, pero yo lo estaba viendo con mi imaginación.

La manera como nos vemos a nosotros mismos es importante. Tenemos que vernos siendo capaces de hacer, y poseer aquello por lo que estamos orando. No vamos a ver que los milagros se realizan si no creemos que Dios puede hacer milagros por medio de nosotros. Tiene que ser algo tan real en nuestra imaginación que podamos soñarlo. Una imaginación positiva ayudará a borrar todas las ideas auto-destructivas que hemos creído por error acerca de nosotros. También nos ayudará a visualizarnos de la manera como Dios nos ve.

PUEDO VERME A MÍ MISMO HACIENDO CUALQUIER COSA

Hoy mandamos señales por el aire para las transmisiones televisivas. Hace años, era imposible imaginarse que pudiéramos cargar un teléfono con nosotros o tener una computadora personal. Mi mamá viajó en un carromato cuando ella tenía tres años de edad; sin embargo ella llegó a ver su primer automóvil, su primer teléfono, ¡y hasta al hombre caminando en la luna! Ella vio todo esto en el transcurso de su vida. Hoy en día están sucediendo cosas que la gente solamente se había imaginado en el pasado. Si podemos imaginarlo, entonces puede realizarse. Hay una manera para hacerlo. Quizá requiera mucho esfuerzo acumulado, pero sí se puede hacer.

Mi hermano era mecánico. Cuando tenía 14 años de edad, él podía desarmar un carro hasta el último tornillo. Lo desarmaba y después volvía a armarlo sólo para ver si podía hacerlo. Por eso, él siempre ha sido un muy buen mecánico. Él era cuatro años y medio mayor que yo, por eso trató de enseñarme mucho sobre carros. Pero yo no quería ser como mi hermano, así que me rebelé y opté por otras cosas. Como resultado, yo a duras penas podía poner una tuerca en un tornillo.

Cuando me entusiasmé con el Señor, empecé a declarar que yo puedo hacer todas las cosas. Empecé a arreglar carros y a arreglar cosas mientras oraba en lenguas, aunque no tenía ni idea de cómo hacerlo. Me hice a la idea de que sí sabía cómo hacer las cosas. Eso cambió la imagen que tenía en mi interior, y hoy he llegado al punto en que creo que puedo hacer cualquier cosa que necesite.

CONCIBE LA PALABRA DE DIOS

Debemos meditar en la Palabra de Dios hasta que podamos concebir algo. No podemos lanzar una oración como ésta: "Dios mío, sáname", o "Cubre esta necesidad", sin nunca concebir aquello que estamos pidiendo con base en la Palabra. Debemos tener una relación con Dios y pasar tiempo estudiando y meditando en Su Palabra. Si interactuamos con la Palabra de Dios, ésta cobrará vida y será más real para nosotros. A continuación, una vez que la consideramos en nuestra imaginación, la recibiremos. Muy pocas personas hacen esto porque interfiere con los horarios de la televisión. Entonces solamente oran, ruegan, suplican, y hasta ayunan una semana al mes en vez de vivir cada día en la presencia de Dios. Así no funciona. Debemos concebir lo que la Palabra dice.

El edificio en el que actualmente se aloja nuestro ministerio ocupa 110,000 pies cuadrados, pero cuando compramos este edificio solamente 10,000 pies cuadrados eran instalaciones terminadas para uso de oficina. El resto era una bodega vacía. Después de que los arquitectos dibujaron los planos y que estábamos esperando a que llegaran los donativos para empezar la construcción, hice que pusieran cinta adhesiva en el piso donde se iban a poner las paredes.

Me pasé cientos de horas caminando alrededor de las líneas marcadas con cinta adhesiva en esa bodega vacía. Estaba usando mi imaginación. Estaba viendo las paredes en su lugar y visualizando cómo se iban a ver las cosas. Estaba visualizando a la gente dentro del auditorio. Es más, hasta puse una tabla encima de varias cubetas de cinco galones y me paré en esa plataforma improvisada para predicar. No había nadie en el edificio; era de noche, y la bodega estaba obscura — pero yo prediqué como si el auditorio estuviera totalmente lleno.

Nunca pisaba sobre la cinta adhesiva; siempre entraba por el espacio designado para una puerta. Quizá para algunas personas esto sea raro, pero yo le estaba ayudando a mi imaginación. El día que tuvimos la ceremonia de inauguración para nuestro edificio, todos estaban emocionados al ver lo que Dios había hecho. Una mujer me dijo: "No te ves muy entusiasmado. ¿No te da gusto que el edificio esté terminado?"

Por supuesto, yo estaba entusiasmado, pero la emoción disminuyó cuando lo vi con mis propios ojos, porque antes ya lo había visto en mi corazón. Durante más de un año, yo ya había visto en el interior, aquello que acababa de manifestarse de manera visible en el exterior a la vista de todos. Para cuando la construcción se terminó, yo ya estaba listo para proseguir con la siguiente tarea que Dios tenía para mí.

TRATA DE ALCANZAR LAS ESTRELLAS

He aprendido muchas cosas de Oral Roberts. Escucharle hablar de las cosas que Dios le había dicho fue algo que inspiró mi imaginación. Unos meses después de que hablé con él, Dios me guió a tomar un paso muy grande para mi ministerio. El juntarte con gente que habla de sus sueños, hace que tú también sueñes a lo grande. La mayoría de la gente tiene muy pocas aspiraciones. Disparan al aire y no le atinan a nada. Limitan a Dios en sus vidas. Debemos tratar de alcanzar las estrellas — porque aunque no lleguemos— ¡quizá alcancemos la luna!

NO LIMITES A DIOS

Si tienes una necesidad, ve a la Palabra. Encuentra la solución a tu necesidad. Toma esos versículos y medita en ellos. La Biblia dice en 1 Pedro 1:23 que *"habéis nacido de nuevo, no de una simiente corruptible, sino de una que es incorruptible, es decir, mediante la palabra de Dios que vive y permanece"*. La Palabra es una semilla. Planta la semilla en tu útero espiritual — tu imaginación— hasta que puedas ver que germina. ¡Solamente requiere tiempo para que veas que nace!

EL ENTENDIMIENTO

El entendimiento implica más que el mero conocimiento o la capacidad para recordar datos. Mucha gente lee la Biblia con su cabeza en vez de hacerlo con la imaginación o el corazón. Es como masticar comida sin ingerirla. La Palabra no administrará todo su potencial a menos que la llevemos a un nivel en el que podemos entenderla. No es suficiente simplemente escuchar las cosas de Dios; debemos meditar en la Palabra hasta que pinte una imagen — hasta que verdaderamente veamos lo que está sucediendo.

Alumbrando los ojos de vuestro entendimiento, para que sepáis cuál es la esperanza a que él os ha llamado, y cuáles las riquezas de la gloria de su herencia en los santos.
EFESIOS 1:18 RV1960

La palabra que aquí se usó para *"entendimiento"* es la palabra griega *dianoia*. Es una palabra compuesta que significa "pensamiento profundo". También se traduce como "imaginación" en Lucas 1:51. Dicho en otras palabras, hay una

LA IMAGINACIÓN

diferencia entre pensar algo a la ligera y tener un pensamiento profundo, o el entendimiento correspondiente.

Podemos obtener información, pero la información no cambiará nuestras vidas a menos que la entendamos. Esto es lo que Mateo 13:19 dice: "*A todo el que oye la palabra del reino y no la entiende, el maligno viene y arrebata lo que fue sembrado en su corazón. Este es aquel en quien se sembró la semilla junto al camino*". Él dijo: "Aquellos que reciben la semilla (la Palabra) junto al camino son los que no entienden la Palabra, entonces Satanás viene inmediatamente para robarles la Palabra". El entendimiento se da cuando la semilla penetra por debajo de la superficie y puede germinar. Es un pensamiento profundo. Es tu imaginación.

No podemos entender algo si no podemos visualizarlo y vernos haciéndolo. Mucha gente toma un versículo que habla de que Dios proveerá a todas sus necesidades (Filipenses 4:19), pero no ha meditado en ello hasta que verdaderamente se vean prosperando. Por lo tanto, se apartan precisamente de aquello que están tratando de recibir.

La imaginación es un concepto muy importante que debemos entender. Es una de las cosas que nos permite cumplir con la voluntad de Dios. No podemos vivir con un nivel superficial de entendimiento de las cosas de Dios. Tenemos que ir más allá de la superficie hasta llegar al punto en el que la Palabra de Dios literalmente cambia la manera como vemos las cosas en nuestro corazón.

LA ESPERANZA

*Porque en esperanza hemos sido salvos, pero la
esperanza que se ve no es esperanza, pues, ¿por
qué esperar lo que uno ve? Pero si esperamos lo
que no vemos, con paciencia lo aguardamos.*
ROMANOS 8:24-25

La Esperanza, según las Escrituras, es ver algo que no puedes ver físicamente. No estamos esperando algo que sí podemos ver. La esperanza es nuestra imaginación trabajando a nuestro favor, en vez de en nuestra contra. Necesitamos que nuestra esperanza sea un sentimiento fuerte. *"Ahora bien, la fe es la certeza de lo que se espera, la convicción de lo que no se ve"* (Hebreos 11:1). La fe solamente provee lo que la esperanza ya vio. La esperanza es el uso positivo de tu imaginación.

En una ocasión escuché a Charles Capps hacer el relato de un termostato. Quizá fue un cuento, pero el relato ilustra un buen punto. Había un hombre que vivía en las montañas y que nunca había vivido con las comodidades modernas. Ese hombre fue a una reunión en la ciudad, y en la sala de la reunión empezó a hacer mucho calor cuando se llenó con cientos de personas. El hombre se estaba abanicando para refrescarse cuando vio a un empleado que le dio giro a un dial en una caja pequeña que estaba fija en la pared. Poco tiempo después, él empezó a sentir que un aire frío soplaba. Se impresionó mucho, así que fue y le preguntó al empleado qué era lo que había hecho para enfriar el aire.

"¿Qué quiere decir?" Le preguntó el empleado.

"Le dio vuelta a ese dial en la pared y empezó a salir el aire frío", respondió el hombre.

LA IMAGINACIÓN

"Pues bien, es un termostato".

"¿Puedo tener uno?"

"Por supuesto que sí. Los venden en cualquier ferretería".

El hombre se entusiasmó y fue directamente a la ferretería a comprar un termostato. Cuando regresó a su cabaña en las montañas, fijó el termostato en la pared, le dio vuelta al botón, y se sentó a esperar a que saliera el aire frío. Pero, por supuesto que no sucedió nada porque el termostato tenía que estar conectado a un sistema de aire acondicionado para que funcionara. El termostato no enfría el aire por sí mismo —activa la unidad generadora de energía que enfría el aire.

Así como un termostato puede ponerse en la posición de caliente o frío — nuestra imaginación puede ser negativa, que es una manera pesimista de ver todo—o positiva, que es lo que la Biblia llama la esperanza. La esperanza es para la fe lo que un termostato es para un sistema de aire acondicionado. La esperanza activa la capacidad de Dios, mientras que la fe es la energía que hace que las cosas se realicen. La fe solamente produce lo que la esperanza ya vio. Si nuestra imaginación es negativa, veremos el fracaso en el interior, y eso nos llevará a experimentar el fracaso en el exterior. Pero, si estamos esperando y viendo un milagro en nuestros corazones, eso activará el poder de Dios para ver que el milagro se manifiesta en nuestras vidas.

Mucha gente trata de usar sus sistemas de energía, pero no tienen ninguna esperanza. La esperanza es lo que controla la fe. Por ejemplo, en el área de la sanidad, si llegamos a tener una esperanza tan fuerte que tomemos la Palabra y meditemos en ella hasta que nos veamos bien, entonces cada célula de nuestro cuerpo funcionará para sanarnos. Una vez que nos veamos sanos, estaremos sanos.

Si vamos a ver a un doctor, una de las primeras cosas que hará es mencionar tantas cosas negativas respecto a nuestra situación como pueda. Él no quiere fomentar nuestra esperanza. ¡Pero nosotros *debemos* alimentar nuestra esperanza! Debemos tener una esperanza que llegue hasta el cielo, porque nuestra fe solamente produce lo que esperamos. Una imagen negativa hará que todo en nuestro interior obre para que esa imagen negativa se convierta en una realidad. Tenemos que cambiar la imagen que hay en nuestro interior al concebir la esperanza. La esperanza viene por medio de la Palabra de Dios (Romanos 15:4). Éste es el primer paso de la fe.

Nuestro DVD *Healing Journeys,* Volumen 2, contiene la historia de una mujer que se llama Merci Santos, que fue sanada de esclerosis múltiple. Una de las cosas que ella dijo cuando estaba en una silla de ruedas y todos le decían que nunca iba a volver a caminar, fue que ella sabía que eso no era verdad. Ella tenía una imagen de que era sana y sabía que un día así sería. Ella necesitaba que alguien le enseñara la Palabra y que la ayudara a activar su fe; pero ella se veía bien a sí misma a pesar de que sus síntomas estaban empeorando más y más. Ésa es la esperanza. La esperanza no te sana; pero proporciona la motivación necesaria para que tu fe te sane. Hoy en día Merci está totalmente sanada de esclerosis múltiple. Ahora ella puede correr en la realidad justo como se había visto a sí misma en su imaginación.

Dios nos creó para ser mucho más de lo que la mayoría de nosotros está experimentando. La mayoría de nosotros vamos por la vida viendo a medias, solamente vemos con nuestros ojos

LA IMAGINACIÓN

naturales. Si tratamos de correr una carrera viendo a medias, seguramente nos vamos a tropezar con algo. Adentrarse en la presencia de Dios permitirá que veamos cosas con nuestra imaginación. Quizá todo en el ámbito físico esté indicando una cosa, pero en nuestro corazón la Palabra de Dios puede pintar una imagen de algo diferente. Por ejemplo, la evidencia natural podría sugerir que tu negocio va a fracasar, pero tú podrías tener una imagen en el interior y tener una convicción total de que vas a tener éxito. Quita los límites. Concibe el milagro en tu imaginación— ¡después ve cómo se realiza!

UN MENSAJE DE DESPEDIDA

Dios no hace acepción de personas (Romanos 2:11). Lo que Él ha hecho por mí, lo hará por cualquiera. Pero Él no lo hace en lugar de nosotros — sin nuestra cooperación. A nosotros nos toca una parte. Quitarle los límites a Dios en mi manera de pensar ha marcado una gran diferencia en mí y en el ministerio que el Señor me dio. Estoy convencido de que es algo que todos debemos hacer. Independientemente de las cosas que le estamos pidiendo a Dios, siempre hay más. Dios es un Dios GRANDE, y ninguno de nosotros ha obtenido un acceso total a todos los recursos de Dios que están disponibles para nosotros.

Y esto no es algo que hacemos solamente una vez. Cada uno de nosotros debe seguir soñando a lo grande más y más. Nunca llegamos a la meta. Simplemente arrancamos y emprendemos el camino de la confianza en Dios— una jornada que durará hasta que Él regrese o nos vayamos a nuestra morada eterna con Él. Pido en oración que el Espíritu Santo tome estas cosas simples que he compartido en este libro y que las amplifique en tu interior de la misma manera como Él me las ministró a mí. Si eso sucede, te aseguro que tu vida nunca será la misma. Avanzarás a un nuevo nivel en tu relación con el Señor que no solamente será bendición para ti, sino también para todos aquellos que el Señor ponga en tu camino.

¡Lo mejor está por venir!

EL AUTOR

Por más de cautro décadas Andrew ha viajado por los Estados Unidos y por el mundo enseñando la verdad del Evangelio. Su profunda revelación de la Palabra de Dios es enseñada con claridad, simplicidad, enfatizando el amor incondicional de Dios y el equilibrio entre la gracia y la fe. Llega a millones de personas a través de sus programas diarios de radio y televisión *La Verdad del Evangelio*, transmitidos nacional e internacionalmente.

Fundó la escuela *Charis Bible College* en 1994 y desde entonces ha establecido extensiones del colegio CBC en varias ciudades principales de América y alrededor del mundo. Andrew ha producido una colección de materiales de enseñanza, disponibles en forma impresa, en formatos de audio y video. Y, como ha sido desde el inicio, su ministerio continúa proporcionando cintas de audio y CDS gratuitos a todos aquellos que no pueden adquirirlos.

Para mayor información escríbenos o llámanos:

Ministerios Andrew Wommack, Inc.
P.O. Box 3333 • Colorado Springs, CO 80934-3333

Línea de ayuda (para solicitud de materiales y oración):
(719) 635-1111

O visítalo en la Internet:
www.awmi.net

RECIBE A JESUCRISTO COMO TU SALVADOR

¡Optar por recibir a Jesucristo como tu Señor y Salvador es la decisión más importante que jamás hayas tomado!

La Palabra de Dios promete: **"Si confesares con tu boca que Jesús es el Señor, y creyeres en tu corazón que Dios le levantó de los muertos, serás salvo"** (Romanos 10:9-10 RV 1960). **"Todo aquel que invocare el nombre del Señor, será salvo"** (Romanos 10:13).

Por su gracia, Dios ya hizo todo para proveer tu salvación. Tu parte simplemente es creer y recibir.

Ora en voz alta: **"Jesús, confieso que Tú eres mi Señor y mi Salvador. Creo en mi corazón que Dios te levantó de entre los muertos. Por fe en Tu Palabra, recibo ahora la salvación. ¡Gracias por salvarme!"**

En el preciso momento en que entregaste tu vida a Jesucristo, la verdad de Su Palabra instantáneamente se lleva a cabo en tu espíritu. Ahora que naciste de nuevo, ¡hay un Tú completamente nuevo!

En realidad no importa si sentiste algo o no cuando oraste para recibir al Señor. Si tú creíste en tu corazón que recibiste, entonces la Palabra de Dios te promete que así fue. **"Por tanto, os digo que todo lo que pidiereis orando, creed que lo recibiréis y os vendrá"** (Marcos 11:24 RV 1960). Dios siempre honra Su Palabra. ¡Créelo!

Por favor comunícate conmigo para que me digas si recibiste a Jesucristo como tu Salvador. Me gustaría regocijarme contigo y ayudarte a entender más plenamente lo que ha sucedido en tu vida. "¡Bienvenido a tu nueva vida!"

RECIBE AL ESPÍRITU SANTO

Como Su hijo que eres, tu amoroso Padre Celestial quiere darte el poder sobrenatural que necesitas para vivir esta nueva vida.

> *Todo aquel que pide, recibe; y el que busca, halla; y al que llama, se le abrirá…Si vosotros… sabéis dar buenas dádivas a vuestros hijos, ¿cuánto más vuestro Padre celestial dará el Espíritu Santo a los que se lo pidan?*
> LUCAS 11:10,13 RV 1960

¡Todo lo que tienes que hacer es pedir, creer y recibir!

Ora: **"Padre, reconozco mi necesidad de Tu poder para vivir esta nueva vida. Por favor lléname con Tu Espíritu Santo. Por fe, ¡lo recibo ahora mismo! Gracias por bautizarme. Espíritu Santo, eres bienvenido a mi vida".**

¡Felicidades! ahora estás lleno del poder sobrenatural de Dios.

Algunas sílabas de un lenguaje que no reconoces surgirán desde tu corazón a tu boca (1 Corintios 14:14). Mientras las declaras en voz alta por fe, estás liberando el poder de Dios que está en ti y te estás edificando en el espíritu (1 Corintios14:14). Puedes hacer esto cuando quieras y donde quieras.

Realmente no interesa si sentiste algo o no cuando oraste para recibir al Señor y a Su Espíritu. Si creíste en tu corazón que lo recibiste, entonces la Palabra de Dios te asegura que así fue. **"Por tanto, os digo que todo lo que pidiereis orando, creed que lo recibiréis, y os vendrá"** (Marcos 11:24 RV 1960). Dios siempre honra Su Palabra; ¡créelo!

Por favor, escríbeme y dime si hiciste la oración para ser lleno del Espíritu Santo. Me gustaría regocijarme contigo y ayudarte a entender más plenamente lo que ha sucedido en tu vida. "¡Bienvenido a tu nueva vida!"

OTRAS PUBLICACIONES DE ANDREW WOMMACK

ESPÍRITU, ALMA Y CUERPO

El entender la relación entre tu espíritu, alma y cuerpo es fundamental para tu vida Cristiana. Nunca sabrás en realidad cuánto te ama Dios ni creerás lo que Su Palabra dice sobre ti hasta que lo entiendas. En este libro, aprende cómo se relacionan y cómo ese conocimiento va a liberar la vida de tu espíritu hacia tu cuerpo y tu alma. Puede inclusive explicarte por qué muchas cosas no están funcionando de la forma que esperabas.

Código del artículo: 701

LA GRACIA; EL PODER DEL EVANGELIO

Encuestas recientes indican que la mayoría de los cristianos, aquellos que aseguran ser renacidos, creen que su salvación depende por lo menos en parte de su comportamiento y de sus acciones. Sí, creen que Jesús murió por su pecado, pero ya que lo han aceptado como su Salvador creen que aún deben cubrir ciertos estándares para ser lo suficientemente "buenos". Si eso es verdad, entonces ¿cuál es el estándar y cómo sabes que ya lo cumpliste? La iglesia ha tratado de contestar estas preguntas por siglos y el resultado siempre ha sido una esclavitud religiosa y legalista. Entonces, ¿cuál es la respuesta? Se debe empezar por hacer la pregunta correcta. No es: "¿Qué debemos hacer?" Más bien: "¿Qué hizo Jesús?" Este libro te ayudará a entender, por medio del libro de Romanos, la revelación del Apóstol Pablo de lo que Jesús hizo, nunca más preguntarás si estás cumpliendo con el estándar.

Código del artículo: 731

EL NUEVO TÚ Y EL ESPÍRITU SANTO

EL NUEVO TÚ

Es muy importante entender lo que sucedió cuando recibiste a Jesús como tu Salvador. Es la clave para evitar que La Palabra que fue sembrada en tu corazón sea robada por Satanás. La enseñanza de Andrew provee un fundamento sólido de las Escrituras que te ayudará a entender. La salvación es sólo el inicio. Ahora es tiempo de ser un discípulo (aprender de Él y seguirlo). Jesús enseñó mucho más que sólo el perdón de pecados; Él trajo al hombre a una comunión con el Padre. Desde la perspectiva de Dios, el perdón de los pecados es un medio para alcanzar un objetivo. La verdadera meta es tener comunión con Él y ser más como Jesús.

EL ESPÍRITU SANTO

¡Aprenda por qué el bautismo del Espíritu Santo es una necesidad absoluta! Vivir la vida abundante que Jesús proveyó es imposible sin esto. Antes de que los discípulos de Jesús recibieran al Espíritu Santo, eran hombres débiles y temerosos. Pero, cuando fueron bautizados con el Espíritu Santo en El día de Pentecostés, cada uno se volvió un poderoso testigo del poder milagroso de Dios. En Hechos 1:8 Jesús nos dice que el mismo poder está disponible para nosotros.

Código del artículo: 734

LA GUERRA YA TERMINÓ

El pecado ya no es el problema entre Dios y el hombre; el precio ha sido pagado de una vez por todas. Dios envió a Su Hijo unigénito para que llevara nuestro pecado, y para que se convirtiera en pecado; y después lo juzgó sin misericordia por ese pecado. ¿Fue Su sacrificio suficiente para ti? ¿Crees que Dios está restringiendo Su bendición y que la razón es tu pecado? Si murieras con un pecado sin confesar, ¿te perderías de la salvación? Las respuestas que encontrarás en este libro te liberarán de la condenación y el temor. ¡Te liberarán para que recibas las promesas anunciadas por Dios!

Código del artículo: 733

DIOS QUIERE QUE ESTÉS SANO

En este libro, Andrew habla de lo que el amor incondicional de Dios y la gracia verdaderamente ya han proporcionado. La sanidad es una porción grande de esa provisión. Él da la respuesta a muchas preguntas frecuentes, como las relacionadas con la expresión "un aguijón en la carne" referida a Pablo, la soberanía de Dios y muchas más. Si tú, o alguien que tú conoces, necesitan recibir sanidad, este libro es para ti.

Código del artículo: 740

VIVIR EN EL EQUILIBRIO DE LA GRACIA Y LA FE

La gracia y la fe con frecuencia son consideradas como fuerzas opuestas. Muchos de los que enfatizan la gracia de Dios creen que una vez que somos salvos, entonces Sus bendiciones, (la paz, la sanidad, la prosperidad) son distribuidas sobrenaturalmente de acuerdo a Su voluntad. Muchos de los que enfatizan la fe creen que lo que recibimos de Dios depende de nosotros. La verdad genuina se encuentra en un punto intermedio. Si has estado batallando con tu relación con Dios, o con comprender por qué parece que tus oraciones no son contestadas, este libro es para ti.

Código del artículo: 737

UNA MEJOR MANERA DE ORAR

Después de cuatro décadas en el ministerio, Andrew Wommack ha descubierto algunas verdades importantes sobre la oración. Posiblemente te estás haciendo las mismas preguntas que Andrew se hizo alguna vez. ¿Es la oración mi deber como cristiano? ¿Es el propósito primordial de la oración pedirle a Dios que cubra mis necesidades? En este libro encontrarás las claras respuestas bíblicas a estas preguntas y más.

Código del artículo: 736